产品艺术创意设计
THE ARTISTIC CREATIVITY OF THE PRODUCT

王玮 / 著

中国林业出版社

目 录

导论

第 1 章
产品艺术创意的社会背景

1.1 技术变革与产品艺术创意　012
    1.1.1 工业革命与产品艺术创意　012
    1.1.2 "后技术"与"科技黑箱"　015
    1.1.3 媒介革命与视觉文化的转向　018
1.2 审美的日常生活化和日常生活的审美化　021
    1.2.1 "日常生活审美化"的含义　021
    1.2.2 审美与日常生活之间的关系　023
    1.2.3 产品艺术创意与日常生活　024
1.3 消费时代的来临与消费主义的兴起　025
    1.3.1 消费主义的兴起　025
    1.3.2 符号消费　026
    1.3.3 品牌消费　027
1.4 文化艺术产业的兴起　029
    1.4.1 由中国制造向中国创造的转向　029
    1.4.2 多种文化艺术产业的兴起　031

第 2 章
产品艺术创意的审美理念表达

2.1 创作主体的文化艺术背景与审美理念　035
    2.1.1 艺术与技术相结合　036
    2.1.2 产品的功能、审美和使用时的舒适三者结合　038
    2.1.3 机器美学　040
2.2 审美化生活下创作主体的创作动机　042
    2.2.1 产品艺术创意中创作动机的本质　042
    2.2.2 创作动机来自人们日常生活的某种需要与生活体验　043
    2.2.3 产品艺术创意中创作动机源于灵感　045
2.3 全球化冲击下创作主体审美理念　048
    2.3.1 创作主体审美理念中的产品设计新趋势　048
    2.3.2 以情为美　050
    2.3.3 以自然生态为美　052
    2.3.4 以简为美　053

第 3 章
产品艺术创意的形式创新

3.1 产品形式创新开发与策划　055
    3.1.1 产品形式创新内容　055
    3.1.2 产品形态创新本质　056
    3.1.3 产品功能创新　063
    3.1.4 产品形式创新的设计手法　067
3.2 新技术引导下的形式变更　075
    3.2.1 产品形式创新中的技术创新　075
    3.2.2 技术与美的完美结合　076
3.3 装饰过度与过度装饰　078
    3.3.1 产品的装饰与过度装饰　078

3.3.2 产品包装过程中的过度装饰　079
3.3.3 产品包装过程中的创新手法　081

第 4 章
产品艺术创意的文化传播

4.1 产品艺术创意的文化内涵　084
　　4.1.1 产品与文化　084
　　4.1.2 产品艺术创意所表现的文化内涵　086
　　4.1.3 产品的文化体验性　089
4.2 民族的就是世界的　091
　　4.2.1 "民族的就是世界的"是一种文化的体现　091
　　4.2.2 产品艺术创意中民族文化的传承与发展　094
　　4.2.3 产品艺术创意民族文化的方法与策略　095
4.3 品牌与品牌形象　099

4.3.1 品牌与设计　099
4.3.2 品牌与文化　101
4.3.3 品牌创意设计　103

第 5 章
产品艺术创意的发展

5.1 产品艺术创意未来发展路径　106
　　5.1.1 构建产品艺术创意生态系统模式　106
　　5.1.2 数字技术革命助力产品艺术创意内容的生产与传播　114
　　5.1.3 创意产业发展　116
5.2 产品艺术创意方法与流程　117
　　5.2.1 创新之路　117
　　5.2.2 解决之道　119

参考文献

导　论

　　基于当前全球产业正由工业经济迈向后工业经济的时代背景，特别是中国制造向中国创造转型的现实需求，当下，产品发展的语境有了下述转变：第一，日常生活审美化；第二，媒介革命与视觉文化的转向；第三，消费时代的来临与消费主义的兴起。本节结合我国经济建设和工业生产的实践活动，对不同产品艺术创意的创作主体—作品形式—文化传达的全过程进行具体的、实证的分析研究，总结深层艺术化、审美化的规律性东西，以指导新的实践。中国在创意产品的出口贸易中，设计类的创意产品比重最大，1996年到2006年这十年之中，出口率在76%～81%之间。在统计范围之内的设计类产品，主要包括时尚产品、室内装饰装潢产品、玩具产品、建筑设计图纸和珠宝首饰产品五大类产品。这些产品大多属于劳动力密集型产品。在中国的对外贸易中，大部分以加工贸易的方式出口，然而这些产品的上游开发设计以及下游的营销服务等均掌握在外商手中。由此看来，虽然我国丰富而廉价的劳动力为这些产品的加工、装配等提供了广阔的生产空间，但从中所获得的价值增值却是非常低，处于产品价值链低端。这种现象让我们认识到目前我国企业缺乏系统的创意艺术产品的开发与推广。而产品的艺术创意与中国的经济转型是相互作用、协同发展。中国的创意经济不仅需要中国式生产制造，也同样依赖于中国的生产创造。从全球视野来看，中国创意经济的实力还决定于中国在海外市场的营销能力，中国创意产品的出口能力更多的是取决于海外市场的品牌销售而非制造。在产品艺术创意的研究中，产品的艺术创意被视为产品设计创新体系中的一个重要部分，同产品品牌、产品营销共同发展。产品艺术创意是整个经济转型发展的一种"增长机制"。在经济与社会的协同演化机制，以及经济体系中创新系统与创新能力的反馈机制的作用下，产品艺术创意在自身获得发展空间的同时，在经济、社会、文化三个维度全方位推动中国经济转型发展。

　　首先，日常生活的审美化早在20世纪60年代，法国马克思主义文论研究者列斐伏尔就已经提出。而英国社会学家迈克·费瑟斯通在其著作《消费文化与后现代主义》（1900）中首次明确构造并对之作了专门界定。费瑟斯通认为，"日常生活审美化"包含三种含义。第一，它指那些消解艺术与日常生活之间界限的艺术亚文化，如第一次世界大战以后出现的达达主义、超现实主义等先锋派运动。第二，它"指将生活转化为艺术作品的谋划"，如福轲、罗蒂等人把生活伦理看作艺术作品的思想。第三，它"指充斥于当代社会日常生活之经纬的符号与影像之流"，包括从马克思"商品拜物教"到鲍德里亚、杰姆逊等人的"类象"思想所描述的现象。在这个关于审美化的研究中，我们清楚地认识到，日常生活成为一种"艺术的谋划"；"符号和影像"充斥日常生活；大工业批量生产出的产品被审美化；日常生活审美化构成创作主体的文化艺术背景与审美理念的重要语境，即日常生活审美化使得产品艺术创意理念得到充分的表达。

其次，科技的发展引导新的传媒形式的变化，传播技术、信息技术、激光技术和自动化技术等高科技广泛运用于各类产品艺术创作之中，给当代的产品艺术形式灌入了新鲜的养分，带来了革命性的影响。高新技术的产生和现代工业的发展，导致传统产品生态格局的全面变化，在产品设计创新中创造了大量崭新的产品艺术形式，同样也改变整个社会经济结构。媒介革命使得我们生活在一个视觉图像的时代：电视、网络以及新媒体带给我们高速快捷的信息生活，人们更加关注视觉文化，视觉图像给我们带来另一种艺术的欣赏和接受形式。产品的外观也具备相当的商业价值，它是塑造品牌独特性的媒介。外观是种新的功能，视觉语言是实现产品外观的工具。这样一个巨大的转型，给当代产品的视觉艺术带来前所未有的挑战，也带来千载难逢的机遇和无法估量的需求，其结果受人瞩目，形成"眼球经济"[1]。媒介革命与视觉文化的转向促进了产品艺术创意的形式创新。

最后，20世纪消费主义弥漫全球，《消费社会》的作者鲍德里亚（Jean Baudrillard）认为消费构成当下资本主义社会的内在逻辑，其中包括：产品的消费不仅单纯地体现在物质文化上，更加体现在其文化含义上，产品消费体现表达个人身份；产品消费的不是商品和服务的使用价值，而是它们的符号象征意义。鲍德里亚说："消费主义是指这样一种生活方式：消费的目的不是为了实际需求的满足，而是不断追求被制造出来、被刺激起来的欲望的满足。"英国学者卢瑞（Celia Lury）认为"消费文化是20世纪后半叶

---

[1] "眼球经济"又称"注意力经济"，是IT行业的著名论断，是随着互联网的发展而产生的，这一概念是Michael H. Goldhaber1997年在美国发表的一篇题为《注意力购买者》的文章中提出的。是依靠吸引公众注意力获取经济收益的一种经济活动，在现代强大的媒体社会的推波助澜之下，眼球经济比以往任何一个时候都要活跃。电视需要眼球，只有收视率才能保证电视台的经济利益；杂志需要眼球，只有发行量才是杂志社的经济命根；网站更需要眼球，只有点击率是网站价值的集中体现。虽然清华大学美术学院著名教授柳冠中先生对"眼球经济"和"审美经济"等概念持有异议，但是，他仍然充分肯定设计就是创新，强调艺术创意在产品设计中的重要作用。

出现在欧美社会的物质文化的一种特殊形式"。由此可见，产品的价值已不再是产品本身能否满足人的需求或其交换价值，而在于人们对个体欲望的满足。产品消费成了一切社会归类的基础，也成了一切文化艺术活动的基础。人们不但消费物质产品，更多的是消费广告、消费品牌、消费欲望，也消费符号。正是这种消费文化无所不在的弥漫，改变了人类数千年来对精神、艺术以及自身生存意义的固有认识和界定，也选择着、创造着、生成着新的文化观、艺术观，形成了产品的品牌艺术，使得产品艺术创意的文化得以传播。

概括而言，市场的需求、文化建设的需要、消费的需求成为艺术创意提出的时代背景，而产品艺术创意的审美理念的表达、产品形式的创新、产品艺术创意的文化传播将构成产品艺术创意研究的基础。

艺术创意贯通到产品的战略层面，将产品的艺术活动、审美活动、商业活动共展并存，为我国经济转型、指导产品的艺术创新活动及艺术学理论的构建和发展服务。

1. 推动我国经济转型

经济转型是我国经济发展面临的迫切问题。所谓经济转型，就是从旧的经济增长模式向新的增长模式转变，从价值链低端向价值链高端转变。处在价值链微笑曲线两端的产品设计和产品品牌营销都与产品艺术创意有关，它们是生产性服务业的重要内容，美国迈克尔·波特教授从价值链构成的角度分析了企业竞争优势的来源，生产性服务业已经成为西方国家经济发展的主要动力和创新源泉。产品中艺术创意的运用，在生产什么、如何生产和为谁生产这三个基本的经济问题上推动了经济转型及消费结构的升级服务。

2. 指导产品的艺术创新活动

创新有三种：原始创新、集成创新、引进消化吸收以后再创新。产品的艺术创新是产品集成创新的重要途径，使产品的创新具有战略意义。在产品从创作主体、作品形式到诸媒体中的品牌叙事即文化传达，艺术创意起到了重要的作用。产品艺术创意是产品以一定的艺术形态进行展示的具体化与视觉化的过程。

3. 为艺术学理论的构建和发展服务

从 2011 年起，艺术学不再归类于文学门类下，成为了新的第十三个学科门类，下设五个一级学科中的艺术学理论将艺术理论、艺术史、艺术批评、艺术管理和创意作为为研究对象，艺术学面临着巨大的挑战和机遇。艺术也不仅仅是上层建筑的纯理论研究，还要应用于产品的实践中去，通过艺术的一般规律在具体的语境下，揭示社会环境与艺术的密切关系。

从世界先进的产品制造业来看，以产量和质量为主体占领市场的两个阶段已在市场竞争中消逝，以创新占领市场是当前发展的主要策略。英国是创意产业的发源地，20 世纪末，肇始于英国的创意产业（creative industry[1]）是在其工业没落、制造业萎缩的环境下提出的，英国首相托尼·布莱尔任工党主席后提出的"新工党，新英国"的口号，成立了创意产业工作小组，并制定了包括设计在内的艺术创意产业发展政策。英国由经济中的"英国病"（British disease[2]）状态成功转型为年轻、潮流的"世界创意设计国度"。美国经济学家保罗·罗默第一个将创意引入经济发展的研究领域，人力资本（Human Capital）和新思想（Idea）两个元素被纳入经济和技术体系之内，把人的思维创造活动视为提高经济收益的要素。他指出新创意会衍生出无穷的新产品、新市场和财富创造的新机会。美国凭借其强大的经济支持和推进现代产品设计的创新发展，从审美、使用、技术、材料、工业、装备、管理等方面推动高新技术转变成为新的全球化产品。日本在战后把产品创新作为国策之一，从政治、经济、文化、国家建设等一系列重大问题上引入"设计先导"的理念，强化设计教育，提倡创造学。

基于各个国家的经济社会发展阶段及文化背景不同，因此对产品艺术创意的内涵与外延界定也存在一定的差异。大致有三种类型：一是以英美国家为代表的欧美型，其产品艺术创意以文化产业为主体，较多的涵盖精神产品层面；二是以日韩国家为代表的亚太型，其产品艺术创意以文化产业和产业服务为主体，兼顾了精神产品和物质产品两个层面；三是以中国为代表的本土型，其产品艺术创意以产业服务为主体，更突出地强调物质产品层面。

20世纪90年代末期，以英国创意产业之父约翰·霍斯金（John Howkins）、美国哈佛大学经济学与管理学教授理查德·E·凯夫斯（Richard E.Caves）、经济学家贝恩特·H·施密特（Bernd H.Schmitt）、熊彼特等学者率先在理论界掀起了研究创意经济的热潮，研究的基本路径是：从创意本身出发，逐渐延伸到以创意为核心的产业组织和生产活动，即创意产业。代表论著包括熊彼特的《经济发展理论》（1912）、约翰·霍斯金的《创意经济》（2006）、理查德·E·凯夫斯的《创意产业经济学——艺术的商业之道》（2004）、贝恩特·H·施密特的《视觉营销》和（1997）《体验营销》（1999）等对产品创意产业的构成、产品创意经济的特点等进行了论述。对产品创新的形式进行研究的有阿

---

[1] 英国于1998年出台的《英国创意产业路径文件》中提出的"创意产业"（crearive industry）的概念是"那些从个人的创造力、技能和天分中获取发展动力的企业，以及那些通过知识产权的开发，可创造潜在财富和就业机会的活动"。英国对创意产业的分类为广告、建筑、艺术品及收藏品交易、工艺，设计、时装设计。电影与录像、互动游戏软件、音乐，表演艺术，出版，计算机软件、广播电视。许多国家也应用了这一创意产业的定义和分类。

[2] 所谓的"英国病"，是指在二战结束后，英国经济出现的滞涨状态，而且这种状态持续了近三十年，被一些经济学家戏称为"英国病"。

尔莱特·德邦的《百年工业设计集萃》、克里斯蒂安·坎波斯的《创新产品设计与手绘》、美国工业设计师协会《工业产品设计秘诀》、迈克·费瑟斯通《消费文化与后现代主义》等对产品设计上的艺术创意进行论述。

目前国内外对它的理论研究还处于起步阶段，尚没有形成全面、系统的理论体系。对于工业设计与创意产业之间的关系，大部分学者都认为工业设计是创意产业不可或缺的一部分，因此工业设计的发展无形之中推动了创意产业的发展，可以从工业设计的角度看待产品艺术创意的发展。武汉理工大学艺术与设计学院的蔡科、陈汗青在《节能环保 和谐发展——2007中国科协年会论文集》上发表论文《产品设计在创意产业中的系统化》中表明，创意产业的根本观念是通过"越界"中的系统化促成不同行业、不同领域的重组与合作用来推动文化发展与经济发展，并且在全社会推动创造性发展，促进社会机制的改革创新。并提出设计要像创意产业一样作为系统化的思路去考虑，分为基系统与宏系统，将产品设计对象作为系统中一个子系统来看待。清华大学美术学院的田君在《作为创意文化产业而发展的工业设计》论文中认为，工业设计在创意产业背景下应该以"创意"为核心要求，"文化"是设计的内涵和本质，"产业"是设计的发展方向。

国外创意产业的研究资料中明显偏向于经济、技术或文化方面。在国外学者研究的基础上，国内学者集中论述了产品设计与艺术创意的关系，其中比较有代表的是王效杰的《工业设计——解析优秀个案》、童慧明的《为生活而设计——20世纪末世界优秀产品设计》、刘传凯的《产品创意设计》等在产品的设计开发创新上进行研究。国内部分博士论文从某个角度对产品艺术创意进行研究，如从符号学、风格学、格式塔心理学、美学、叙事学、创意逻辑等角度进行产品艺术创意研究。从整体上对产品艺术创意的系统研究还不够充分，忽视"产品"自身的艺术创意，而将创意过多的界定为企业的艺术创意。对产品艺术创意的产品审美理念表达、产品艺术形式创新、产品文化传播等方面还需要进一步深入系统的研究。

1. 首先做好产品和艺术创意的概念界定及其典型案例资料的整理和分类工作，对研究对象做好定位。

2. 对产品艺术创意进行艺术学、美学的思考和分析，从产品审美理念表达、产品设计、产品品牌设计等方面对其进行解析，提炼出产品艺术创意的规律和美学内涵。

3. 以大量的实例作品的举证和分析，从中提炼和总结出产品艺术创意的设计思想和设计理念以及在市场环境中的运作，丰富艺术创意研究的理论知识，为艺术创意产业发展提供参考和借鉴。

4. 研究艺术介入产品创意的途径、方法、策略在企业转型中的地位和作用、产品创意对艺术的影响等，为艺术价值向市场价值的转变提供依据。

以上四个方面是本文重点关注和解决的问题。

研究产品艺术创意，首先要界定并阐述产品与艺术创意这两个概念，研究两者的互动关系和内在机制。

以现代观念对产品进行界定，产品指为留意、获取、使用或消费以满足某种欲望和需要而供给市场的一切东西（菲利普·科特勒，1997亚洲版）。包括有形的物品、无形的服务、组织、观念或它们的组合。产品一般可以分为三个层次，即核心产品、形式产品、延伸产品。核心产品是指整体产品提供给购买者的直接利益和效用；形式产品是指产品在市场上出现的物质实体外形，包括产品的品质、特征、造型、商标和包装等；延伸产品是指整体产品提供给顾客的一系列附加利益，包括运送、安装、维修、保证等在消费领域给予消费者的好处。

1995年菲利普·科特勒在《市场管理：分析、计划、执行与控制》专著修订版中，将产品概念的内涵由三层次结构说扩展为五层次结构说，如汽车、日用品、家电等有形物品已不能涵盖现代观念上的产品，产品的内涵已从有形的物品扩展到服务（保险、旅游）、人员（歌星、体育明星等）、地点（北京、纽约）、组织（保护消费者协会）和观念（环保、公德意识）等；产品的外延也从其核心产品（core benefit，产品的基本功能）向一般产品（generic product，产品的基本形式）、期望产品（expected product，期望的产品属性与条件）、附加产品（augmented product，产品的附加利益和服务）和潜在产品（potential product，产品的未来发展）拓展。即从核心产品发展到产品五层次。

产品与商品不同，由企业生产出的东西通常用"产品"或"商品"这两个词汇来描述，然而这两个词的定义完全不同。在广义的概念来说，在自给自足的时代只有产品的存在，而没有商品的存在；商品是在需求与供给、生产与消费分离后，交换经济时代才被引入。企业以销售为目的所生产出的产品称之为商品，因而商品是在产品的基础上被赋予了一定的新价值。

商品是用来交换的产品，商品的生产是为了交换，而当一种产品经过交换后进入使用过程后，就不能再称之为商品；当然，如果产品又产生了二次交换，那么在这段时间内，它又能被称之为商品。消费者在购买产品时，所支付的不仅是产品本身所具有的机能价格，同时也支付了产品的效益价格及产品在流通领域中的费用，此时的产品便转变成为商品。从企业角度来说，产品转化为商品要经过以下过程：①发现消费者新的需求；②设计产品阶段；③生产满足需求的产品；④产品的推广与销售；⑤消费者对推广的产品进行确认其价值合理性并产生购买行动；⑥产品转化成商品过程；⑦消费者认同商品的价值，购买后商品转变成具有使用职能的物品。

商品自身价值与销售流通过程，包括品牌与营销两部分。品牌不同于产品之处在于，品牌是在产品变为商品后介于消费者和产品之间的一座桥梁；在产品变为商品的营销环节中，消费者依据品牌特性来选购产品，产品则借助于品牌特性向消费者传达产品属性和特征。艺术创意与产品设计、品牌塑造、市场营销三者的关系中，产品市场营销的创意是产品流通环节的创意，不是产品设计的创意。因此，本文研究的是产品设计与艺术创意的关系，而非商品的艺术创意，所以研究仅仅在于未经过品牌塑造和市场营销这两个环节的产品本身的艺术创意，即产品设计上的艺术创意。

产品艺术创意关注领域较为广泛，涉及衣食住行各个方面，主要解决人与人造物之间的关系，是将科学技术所创造的成果转化为生活、生产中所需的物的过程，它的目的是通过物的创造来达到人与物、人与人、人与社会的协调。本文研究的主要对象是现代大工业机械化生产下与人们生活消费息息相关的日常用品如：汽车产品、家电产品、消费类电子产品、服装产品、家具产品（包括城市家具❶产品）等的制造业的工业产品，在艺术创意进行全方位的理论阐述，并借鉴美国哥伦比亚大学商学院施密特（Bernd H. Schmitt）的"企业美学战略管理"（corporation aesthetics management，简称 CAM 理论）应用到产品艺术创意策划中，以符号学、风格学、格式塔心理学、叙事学、创意逻辑等理论体系为支点，从艺术学、设计学、社会学、心理学等角度进行产品艺术创意研究，对产品在功能、原理、布局、形状、结构、人机工程、色彩、材质、工艺等方面的创意进行研究。具体说来就是研究产品的审美理念的表达、产品形式的创新及产品文化的传达三方面，构建产品艺术创意自身的理论框架。

产品艺术创意的内容就是产品设计的创新，产品艺术创意既是目的又是手段。产品艺术创意有两个层面的内容，一方面是运用艺术设计的方法和技术，开发出全新的产品；另一方面是运用设计的方法和技术对产品进行改进，包括对产品外形的改进和产品使用方式的易用性改进。

"形而上者谓之道，形而下者谓之器。"（《周易·系辞》）本书在理论研究方面，力求克服当前设计研究的一些缺陷，不只是停留在"形而下"角度的产品艺术创意史料概括与总结，而是偏重于"形而上"角度的产品创意的审美和产品创意文化阐释。一般地说，"形而下"重视产品创意设计的技术、方法与创意风格研究；"形而上"致力于产品设计

---

❶ 19世纪60年代，公共艺术萌芽的英国产生了"Street Furniture"，直译为"街道家具"或"城市家具"。城市作为一个以地域空间为限的大家庭，将城市环境中的公共设施作为这个大家庭中人们所共有的"家具"来理解、审视。作为公共设施的重要组成部分，城市景观中的公共"生活道具"城市家具指称的范围十分广泛，"城市家具"具体来说，就是信息设施（指路标志、导游图、电话亭、邮箱），卫生设施（垃圾箱、饮水器），照明安全设施，娱乐服务设施（坐具、桌子、游乐器械、售货亭），交通设施（巴士站点、车棚）以及艺术景观设施（雕塑、艺术小品）等都是"城市家具"的范畴，本文主要介绍的是公共座椅部分。

的审美心理与特征，强调产品设计的思想、理念与文化传达的研究。本文将通过对工业产品艺术创意史料的审美与文化解读，从产品艺术创意的现象、存在、价值等方面，探索产品创意设计思想，为现代产品设计的创新提供新的启示。

综上所述，该研究领域目前存在的问题是：目前，社会学者、文化学者、艺术学、美学、经济学学者分别对产品艺术创意进行了全方位、多角度的论述。大家都认可艺术创意能够给产品设计带来巨大的价值，产品离不开艺术创意。但是，国内外学者对产品艺术创意的研究还没有形成系统的理论体系。对创意与设计之间的关系尚没有厘清，有的学者认为设计是创意的一部分，也有学者赞同创意是设计的核心。国外学者对其研究偏向于经济、技术、产业或文化方面。国内学者在其基础上从某个角度对产品艺术创意进行研究，如从符号学、风格学、格式塔心理学、美学、叙事学、创意逻辑等角度。从整体上对产品艺术创意的系统研究还不够充分，忽视"产品"自身的艺术创意，而将创意过多的界定为企业的艺术创意。尚未对产品艺术创意的产品审美理念表达、产品艺术形式创新、产品文化传播等方面深入系统的研究。这也正是本文需要着力解决的地方。我准备解决的问题是：厘清创意与设计之间的关系，把产品艺术创意作系统化考虑，对产品艺术创意进行艺术学、美学的思考和分析，从产品审美理念表达、产品设计、产品品牌创新等方面对其进行解析，提炼出产品艺术创意的规律和美学内涵。目的是为了推动我国经济转型，更有效地指导产品的艺术创新活动及为艺术学理论的构建和发展服务。解决这些问题的具体路径是：运用艺术创意生态系统（EPAC）的分析模式，从具体的、形而下的产品物质层面出发，在专题研究基础上，上升到造物艺术精神层面。通过对工业产品艺术创意史料的审美与文化解读，从而对产品艺术审美、艺术形式、文化传达等规律展开理论，从产品艺术创意的现象、存在、价值等方面入手进行产品艺术创意的研究。

第 1 章

产品艺术创意的社会背景

1.1 技术变革与产品艺术创意

1.1.1 工业革命与产品艺术创意

（1）工业革命为产品材料创新提供条件

从 18 世纪 60 年代英国爆发"工业革命（Industrial Revolution）"以后，到 19 世纪初，欧洲各国先后进入了这场人类文明史上的伟大革命。这场革命不仅标志着西方从封建社会进入到了资本主义社会，而且引发了社会生产、生活方式及思想观念的巨大变革。随着纺织机和蒸汽机的发明改进与推广运用，人类新机器、新设备的发明创造层出不穷，机械化大批量生产方式取代了手工业的劳动方式，19 世纪 50 年代欧洲各国相继完成了工业革命，实现了手工业向机器工业的过渡。产品以人们意想不到的速度大量地、廉价地推广到市场上，这个过程也是手工业生产方式不断解体的过程。手工业时代的作坊主和工匠的生产方式是产品的设计、制作及销售都是由一个人或师徒几人共同完成的家族式为特点，承担着设计者、制作者及销售者的角色，这种生产方式积累了若干年的生产经验，因而较多地体现了技术和艺术的良好结合。当机器工业逐步取代手工业生产后，这种结合也随之消失，市场的竞争伴随着商品经济的快速发展变得日益激烈，市场上的制造商们想方设法引进机器生产，从而降低成本，增强市场竞争力。另一

Q1

请查阅《简明不列颠百科全书》对工业革命的阐述，试述工业革命给产品工艺带来的变化。

方面制造商为了扩大市场，他们把设计作为符合消费者趣味的模式去生产。但他们并没有意识到新的生产方式制造出来的产品已经将"机器"这一概念引入了产品的设计问题。他们把设计与装饰等同，而没有将技术与艺术相结合。这种过度装饰出现在由美国座椅公司设计生产具有金属框架的弹簧旋转椅（图1-1），其结构全部是由铸铁、钢或两者的复合材料制成的。在这把椅子中体现了一种对家具基本结构的重新考虑。可惜的是这位美国设计师的功能意识未能贯穿始终，因为用以支撑连杆进而支撑弹簧的金属腿采用了精致的卷涡形。1851年的水晶宫工业博览会上展出的工业产品大多如此，因此，从现代设计发展

图1-1　美国座椅公司设计的弹簧旋转椅

的角度而言，水晶宫博览会在设计美学上是不成功的，没有达到预期的促进工业设计发展的目的。但是这种探索新造型、使用新材料、采用新工艺的趋势还是为产品艺术创意提供了思路。

伴随着消费需求的增长，金属工业的发展越来越壮大，各种五金产品迅速增产，特别是以伯明翰为主的日用小五金产品的生产。早在17世纪末，英国伯明翰地区的小五金产品种类很多，主要有金属纽扣、表链、扣环、墨水台、别针、牙签盒、烛台等，这些产品是伯明翰的大宗贸易商品。18世纪中叶，尽管在不同的生产阶段存在着高度的专业化，但制造业仍以传统的方法和小型作坊的形式为基础。金属工业发展的组织化程度要先进得多，这一方面影响了它的商业结构与生产方式，生产的发展是由于需要的增加，即当时越来越多的人习惯于饮茶或喝咖啡。另一个社会原因也促进了金属日用品的生产，就是越来越多的英国人开始喜欢吃热菜。工业革命时期机器生产的产品应该外观简洁并反映其内部功能这种观点还未被人们广为接受。19世纪设计的特点之一就是出现了以便捷的方法去仿制先前昂贵的装饰品，如仿银器装饰、仿大理石装饰等。由于新机器的出现，这种趋势在日常用品领域中开始兴盛起来。

工业革命时代产品设计的创新在于产品设计运用新的材料和技术。技术革新的冲击也广泛体现于日用品的生产上。金属材料是工业革命发展的产物，它对于产品设计起到关键性作用，世界上最早生产金属日用品的生产商保尔顿，为日用小五金产品设计提供了一个使用新材料的范例，从而使整个设计的手法发生了变化。

（2）产品材料创新的案例分析——保尔顿的日用小五金产品

　　金属日用品生产商保尔顿于 1759 年继承父业后，开始了以机械化为主的大规模生产，他于 1761 年在索活购置了适于建造大型车间的场地，雇用工人超过 600 名。1773 年保尔顿在索活安装了一台试验型蒸汽机，詹姆斯·瓦特（James Watt,1736—1819）为此在那里进行了两年的调试工作。从 1776 年起，瓦特和保尔顿将蒸汽机应用到了许多工业生产之中。这一革新使得新的批量生产方式迅速发展起来。生产商保尔顿生产的主要产品一直是当时大众市场流行的小商品，保尔顿开发了一些新的生产方法，如用一种廉价的方式在铜基上镀银，后来又发展到在黄铜坯上镀仿金合金等，这对于产品材料的创新有着重要的价值。这与魏德伍德陶瓷厂以传统的材料创造的日用产品形成鲜明对比，并为金属日用品的生产奠定了坚实的基础。

　　保尔顿生产的有些批量产品是为大众市场，有些则使用昂贵的材料和高水平的手工技巧，显然是为有鉴赏力的顾客而生产的。这种多样化是符合逻辑的，而设计则是其中的关键因素。保尔顿的设计方法是迎合市场的流行趣味。他写道："时尚与这些产品有极大关系，目前时尚的特点是采用流行的优雅装饰而不是擅自创造新的装饰。"时尚性和价格便宜成了商业成功的信条。崇尚时髦的市场需要有广泛的选择，由于保尔顿的产品也在国际市场上销售，因而特别注意不同市场上的不同需要和不同爱好。在他的产品中，既有仿洛可可风格的水瓶（图 1-2），也有新古典简洁优雅风格的烛台，这体现了保尔顿多样化的市场

图 1-2　保尔顿设计的水瓶

策略。在保尔顿整理出来的设计图集中包罗了多种原有的纹样。保尔顿经常从朋友和熟人处借作品以进行分类和测绘。他的国外代理人也提供了大量的样品、书籍和草图。此外他还从当时有名望的艺术家那里购买模型和图案。尽管人们对于保尔顿的绘图师和技术工人知之甚少，但保尔顿的多数设计似乎是根据从别处收集来的图案和样本设计出来的，而不是委托厂外设计师设计的。保尔顿生产的最好的作品都受到新古典风格的影响。商业上的机遇和新古典时尚的结合是特别幸运的，其样式特征崇尚几何的简洁性，有助于大批量的生产，并且从某种意义上适应了机器美学的追求；为了满足人们对传统与古典风格的心理追求，产品中大量使用古典纹饰，这种现象是设计上的一种过渡性标志，一方面是对新兴机器化生产方式的适应，另一方面符合人们的生活方式及审美习惯，成为两种矛盾调和折衷的产物，并且适应了机械时代的美学追求。因此，即使是发展蒸汽机并使之适用于产品制造业，使用新材料、新技术创造新的产品，其旧有的形式和风格仍然在产品中清晰可见，不足之处在于产品设计中样式和风格的创新没有显现出来。

1.1.2 "后技术"与"科技黑箱"

（1）后技术时代的产品艺术创意

技术是一个历史性范畴。所谓后技术时代，是相对于过往的技术时代来说的。在远古时期，技术是技巧、技能和技艺的总称，它是人类在漫长的劳动过程中积累的经验基础上形成的。19世纪工业革命以后，机器在生产活动中的作用日益突出，因此这时人们把技术的物质手段看成是技术的主要标志。到20世纪中叶，科学的技术化发展和技术的科学化普及，逐渐形成了科学技术一体化的趋势，技术成为科学良好发展的运用和物化。随着信息技术的日益发展，技术也逐渐从低技术向高技术发展，直到最后衍生出后技术（post-technology）。"后技术"是后现代性的产物，它有三个主要特征：首先是高新科技的简易化应用，其次为高科技成果的低智能掌握，最后是高端技术工艺的低技能操作。后技术时代中高新技术的发展为产品艺术创意提供了新的载体与新的手段，同时拓展了产品艺术生产和消费的空间，使得产品在生产方式、结构、审美理念等方面产生了深刻的变化。如后技术时代的第一个"代言人"——全自动化的袖珍型"傻瓜相机"，以往的相机由于操作复杂，需要一定程度的学习才能熟练操作，使得一般人容易望而却步。而这类为一般人而设计的相机，设计的成果正是操作简单，只要将镜头对准拍摄物然后按下快门钮，相机会自动完成所有的步骤，似乎连傻瓜都能利用它拍摄出曝光准确、影像清晰的照片。除了操作简单的特性外，"傻瓜相机"在产品设计创意中，还具有产品体积小、重量轻、价格低廉等特点，所以"傻瓜相机"也是世界上最为普及的家用摄影工具。随着科技的发展,"傻瓜相机"的品种越来越多,科技含量也越来越高,操作也越来越简便。"傻瓜相机"其实并不"傻瓜",相反"傻瓜相机"可以对相机内部的光圈、快门进行精确计算,以保证在任何条件下都可以拍到曝光准确、影像清晰的照片,是一种高度智能化的表现。因此,"后技术"是高科技自身急剧繁殖的表现,是高科技在迅速发展过程中巩固社会物质基础的策略;"后技术"是对科学技术中反人性因素的一种制约,是高科技与人文精神在社会进步的最新层面上的汇合;"后技术"是科学技术分支越来越多的同时出现高度综合的形态。它的表现形式就是"科技黑箱"(black-box of science and technology)。

(2)科技黑箱与产品艺术形式美的创新

产品不仅具有物质功能的需求,更有审美情感的需求。单纯的技术成果不具备形式的审美性。这就需要通过产品的艺术创意来实现。这种形式美的创造不是脱离产品本身的内在品质和功能的。相反,使产品内在与外在品质能够趋于一致,是产品艺术创意的目标。这一现象在后技术时代中体现得淋漓尽致,这归因于后技术时代产业的自身特点,但是对于非专业人员来说,他们面对现代的高科技时出现了难以克服的技术屏障,消费者无法接受未经设计的产品。另一方面,如何让高科技产品完美体现其高科技内涵,能够在同类产品中脱颖而出,也是通过产品的艺术创意来实现的。因此,对于高科技产品艺术设计在形式美的艺术创意方面要解决以下问题:一是要使产品形式做到与人亲和,从而便于人们对其进行操作;二是创造出产品的高科技感,与其内在品质一致,让消费者对产品内在的品质产生信心。

技术变革催生"后技术"时代的到来,科技黑箱作为后技术的表现形式之一,因其可塑性等特点赋予产品的艺术创新以丰富内涵。在产品艺术创新的审美范畴上,科技黑箱给产品艺术创意带来了科技美与时尚感的统一;易用性与体验性的统一;材质美与生态美的统一;合规律性与合目的性的统一。

"黑箱"是控制论中的概念,意为在认识上主体对其内部情况全然不知的对象。科技黑箱的含义与此有所不同,它是指"能满足需要的商品或服务,其中所含有的科技知识和其他要素被集成于某种框架内,消费者仅知道或关心其价格和功能,而对其究竟如何制作出来并能满足需要或不求甚解,或不感兴趣,或无从得知,或难以理解,如同面对黑箱"。因此,科技黑箱并不是黑色的箱子,也不是自在自为的,多种多样的艺术形式构成了它最好的物化形式。如手机、计算机、摄影机、照相机等在不同程度上都是科技黑箱。

另一方面,科技黑箱指能满足需求的商品或服务,其中的科技知识和其他要素被集

图 1-3　索尼 TPS-12 随身听

成于某种框架之中，但消费者对此并不知晓，如同面对黑箱，只需按规程操作便可得到预期的输出。在理论的层次上，科技黑箱是一种特殊的存储和传播、交流知识的设施。提出科技黑箱这一概念，在理论上有助于从一个新的角度理解科学和技术的关系、生产和消费的关系以及知识和经济的关系。

因此，在产品艺术创意中，产品的造型应能将产品的功能与形式美相结合。从 20 世纪 50 年代初到 70 年代，设计师大量采用颜色较为单一的白色、灰色与黑色塑料作为电子产品装置的外壳设计，如电视机、收录机、剃须刀、音响产品与电话等，成为代表高新技术的一种新的时尚形式，这些产品大多以几何形态为主，其造型与当时的现代派建筑风格相得益彰。这种产品的设计风格，因为与当时的社会发展水平，技术加工能力，以及大众的需求相吻合，因而获得很大成功。有的学者称之为"黑盒子美学"。然而，这里所谓的"黑盒子"并不是我们所说的"科技黑箱"。前者只是产品低技术的外在包装形式。而后者不用受到形式的限制，它将促使产品形式的多样化发展。在过去的三十年中，随着科学技术的进步，促进小型化、简易化成为产品设计中重要的考量因素。于是，一批改变人们看的形式、工作的形式、娱乐的形式的"随身看""随身听""随时玩"的新设计出现了，这些产品形式的改变，正是基于科技黑箱的可塑性的结果。如索尼公司 1979 年设计生产风靡全世界的"TPS-12 随身听"（图 1-3）。"随身听"运用索尼现存的一切电子技术设计一种小的既可收音又可放磁带的装置，可方便人们放在口袋里或别在皮带上，再配上一副小型耳机。这是一个革命性的全新电子产品，它改变了人们欣赏音乐的方式，人们可以在任何时候，任何地点，方便地携带和享受音乐，这在此前是难以想象的奢侈。索尼公司在消费电子类产品领域的领先技术保证了此产品的成功开发，"Walkman"这个单词也成为了一个时代的符号。

1.1.3　媒介革命与视觉文化的转向

（1）媒介革命与产品艺术创意

后技术时代中传播技术、信息技术、激光技术和自动化技术等各种数字技术的飞速发展，引导新的传媒形式的变化，当号称"第五媒体"的手机成为人们获取信息的另类眼睛、耳朵和手，当互联网的建设更趋多样化、成熟化，人们生产、生活已经发生了翻天覆地的变化，媒介革命使得我们生活在一个视觉图像的时代：电视、网络以及新媒体带给我们高速快捷的信息生活，人们更加关注视觉文化，视觉图像给我们另一种艺术的欣赏和接受方式。正如福柯所描述的"全景敞开式的社会"，什么都要让你看到，具象的、视觉的东西成为当代人所追求的东西。产品艺术创意领域更是产生了重大变化，改变了产品的创作方式、表现形态、美学精神及文化传达等，使产品更好的呈现出大众化、虚拟化、便捷化的特点，给当代的产品艺术形式灌入了新鲜的养分，带来了革命性的影响。

高新技术的产生和现代工业的发展，导致传统产品生态格局的全面变化，在产品设计创新中创造了大量崭新的产品艺术形式，其中产品的外观设计成为塑造品牌独特性的媒介。媒介革命中科学技术可视化成为产品外观设计中产品艺术创意的核心。例如"WINDOWS——视窗"在电脑操作系统中，奠定了信息时代的基本观念和基本思维方法。在WINDOWS世界里，"观念"这个词非常形象地说明思维与可视化对象之间的直接联系——"观"即能生"念"。这个来自希腊文的词语，原意是"看得见的形象"，同"物质"和"意识""存在"与"思维"关系密切。世界上的第一台计算机于1946年在美国诞生了，同时出现了如天书密码一样的计算机语言。在半个世纪后，科技的发展使复杂繁冗的计算机"语言"，都可以通过WINDOWS状态下移动鼠标的轻轻一击实现。其中最有创意的当数苹果电脑公司设计的电脑界面，它拥有生动的图像和简单的菜单，人们只需使用点击设备——鼠标就能完成操作。设计师尽量多地除去界面组成元素，保证视窗的内容而非视窗本身的重要性。在界面设计上简化窗口，只保留几个主要的特征，从而设计出"单一视窗"模式，每个窗口左上角的三个小按钮，这三个按钮的功能分别为关闭、缩小和放大窗口。刚开始设计师将所有的这些按钮都设计成了相同的浅灰色，目的是为了防止分散用户的注意力，但是很难区分这些按钮各自不同的功能。有人建议，在光标移到这些按钮上的时候，通过触发所设计的动画来说明它们的功能，但是苹果公司总裁乔布斯提出了一个非常有创意性的设计，他提出应该像交通灯一样，给这些按钮加上颜色：红色表示关闭窗口，黄色表示缩小窗口，而绿色则表示放大窗口。不同颜色含蓄地表明了点击这些按钮的结果，特别是红色按钮，它暗示着"危险"，这样用户就不

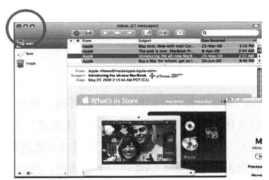

图 1-4　苹果公司电脑界面设计

容易误点关闭按钮了（图 1-4）。这个产品的艺术创意体现在其产品对于色彩的运用，外观的色彩代表一种新的功能，视觉语言是实现产品外观的工具，媒介革命的产生和视觉文化的转向，不仅导致所有传统艺术形态的升级换代和更新，而且创造了大量崭新的艺术形式。由此表明，媒介革命与视觉文化的转向促进了产品艺术创意的形式创新。

（2）视觉文化的转向与产品艺术创意

人们今天的生活比以往任何时候都视觉化和具象化，人们更加关注视觉文化。正如美国的丹尼尔·贝尔所说："当下文化正变成一种影像文化，而不是一种印刷（或书写）文化。"媒介革命带来了人们对感官刺激的无限追求以及大众化、虚拟化和便捷化的特

图 1-5　iPhone 和机器狗结合的产品

点,从而引发了人们视觉文化的转向。如今的视觉图像充斥在我们生活的每个角落,我们文化的大片领地已经被"帝国主义式"地占领。不论是街头广告,还是电影《阿凡达》,不管是流行歌曲 MTV,还是电视报道美国 MBA 联赛,不管是城市白领们翻阅的时尚杂志,还是孩子们喜欢的卡通读物,我们都离不开图像,我们生活在一个视觉图像的时代。因此视觉性已成为文化的主导因素,广泛的视觉化深刻地改变了许多文化活动的形态;图像超越文字的发展,令视觉文化与感性的、直观的和快感的文化相辅相成;随着媒介革命的到来,视觉技术的进步,人们的视觉在不断地延伸,可视性要求不断攀升,新的视觉花样层出不穷。

视觉文化的转向使得人们更关注于产品的外观形态,外观(appearance)是哲学和美学上的一个重要概念,就其直接语义来说,外观是指事物和人的外在的、感性的形态,它更多地与我们的视觉相关。周宪认为,当代人正在经历"读图时代"的新文化法则,图像对视觉注意力形成了一种独特的眼球经济。也就是说,在这种眼球经济为主导的时代,产品艺术创意的核心是首先要打破传统观念下的审美理念。我们认为"看就是消费",视觉的消费在人们消费观念中逐渐有了一席之地。如今的消费观念中,不再把视觉上的享受排除在外,人们对于视觉上的追求同样也是满足人的一种需要。在 iPhone 逐渐成为"街机"之后,很多厂商都绞尽脑汁希望能将自己的产品和 iPhone 联系在一起,日本著名的万代公司(BANDAI)推出了一款将 iPhone 和机器狗结合在一起的新产品。iPhone 本身的屏幕不仅可以显示操作界面,还可以当作"狗脸"展现狗狗逗趣的表情,甚至还可以选择您或朋友的照片当作"狗脸"(图 1-5)。这只表情丰富的狗狗,会做各种动作，连唱歌、交友、玩游戏也样样精通，无论是大人还是孩子都十分追捧。

综上所述，科学技术的发展和多种技术手段的运用，给人们带来了不同效果的视觉体验。视觉图像成了从事摄影、电影、电视、广告、美术、艺术史、社会学及其他视觉研究者共同关注的重点，也给我们提供了另一种艺术的欣赏和接受方式。这样一个巨大的转型，给当代艺术带来前所未有的挑战，也带来千载难逢的机遇和无法估量的需求。这种需求同样给产品艺术创意在产品形式创新方面提供更多的方法和理论指导。除了运用传统的艺术学、创意学、设计学研究方法外，还需要运用媒介学、传播学、符号学、社会学和文化研究等多种方法。

1.2 审美的日常生活化和日常生活的审美化

日常生活审美化的命题，使艺术和审美进入日常生活，被日常生活化；另一方面日常生活受审美文化的影响，向艺术逆向转化，贴近生活实践的艺术能够更好地改善人们的生活质量。然而，产品艺术创意中的创新设计是使日常生活审美化得以实现的标志和工具，同样也是沟通产品功能性与审美性的桥梁。

1.2.1 "日常生活审美化"的含义

（1）西方学者对日常生活审美化的研究

20世纪60年代西方学者提出的"日常生活审美化"理论，从其产生的客观基础而论，"日常生活审美化"是在科技迅猛发展，大众物质生活质量逐渐提高，人们日益从物质需求向精神需求过渡的前提下而出现的一种理论对现实的回应过程。这种回应的出现，一方面是客观现实对理论的要求，另一方面也是西方哲学、美学及文学艺术理论发展的必然规律。英国诺丁汉特伦特大学社会学与传播学教授迈克·费瑟斯通(M. Featherstone)对"日常生活审美化"进行定义并指出日常生活审美化其表层上表现出消费语境下日常生活的装饰化、艺术化。但是在本质上，日常生活审美化打破了理性主义思想，使人类生存获得感性与理性的和谐，使精英文化与大众文化，高雅文化与通俗文化，中心文化与大众文化相融合。费瑟斯通认为日常生活审美化可以让"生活转换成艺术"，与此同时也可以让"艺术转换成生活"，从而消减艺术与生活的距离。

除此之外，德国学者沃尔夫冈·韦尔施在其著作《重构美学》中提到"全球审美化""经济基础审美化""物质审美化"的概念。韦尔施认为，全球性的重要策略是审美化，审美化已经成为日常生活及文化的普遍现象。"日常生活审美化"曾经作为国际美学会议的主题让世界各国学者都致力于对它的研究。

斯图亚特·霍尔是来自英国著名的文化研究者，他曾说过："文化已经不再是生产与事物的'坚实世界'的一个装饰性的附属物，不再是物质世界的蛋糕上的酥皮。文化现在已经与世界一样是'物质性的'。通过设计、技术以及风格化，'美学'已经渗透到现代生产的世界，通过市场营销、设计以及风格，'图像'提供了对于躯体的再现模式与虚构叙事模式，绝大多数的现代消费都建立在这个躯体上。现代文化在实践与生产方式方面都具有坚实的物质性。商品与技术的物质世界具有深广的文化属性。"我们可以看到现代生产中美学的价值，现代生产中的商品具有很强的文化属性，这些文化属性已经渗透到产品的内部，成为产品不可或缺的一部分，而不仅仅停留于产品表面。视觉文化是大众文化的主要方向，随着媒介革命的发展，在后技术时代中，图像渗透到生活的各个层面，如在电影院欣赏电影艺术，在家通过网络接受一些美术作品的熏陶，通过电视欣赏戏剧等，艺术审美活动已经进入日常生活被"日常生活化"。

由此表明，在这个关于审美化的研究中，日常生活成为一种"艺术的谋划"；"符号和影像"充斥日常生活；大工业批量生产出的产品被审美化；日常生活审美化构成创作主体的文化艺术背景与审美理念的重要语境，即日常生活审美化使得产品艺术创意审美理念得到充分地表达。

（2）日常生活审美化研究路径

在产品艺术创意中，研究深层审美化是我们深化日常生活审美化研究的重要路径。德国的后现代哲学家沃尔夫冈·韦尔施在《重构美学》中提出了"日常生活审美化"这一概念时他把日常生活审美化分成了浅层和深层两个层面：一是浅层的审美化，审美化意味着用审美因素来装扮现实，用审美眼光来给现实裹上一层糖衣，审美化最明显地见之于都市空间中，过去的几年里，几乎城市空间中的一切都在整容翻新。浅层的日常审美化具有新享乐主义的文化基因，同时包含着一种经济策略；二是日常生活审美化还表现在生产过程的美化与通过传媒对现实的美化这一深层。随着大众媒体的快速发展和提高以及以大众文化为代表的消费主义文化的发展，日常生活审美化的趋势越来越明显。与深层审美化相对的是浅层审美化，在工业革命时期，为了炫耀机器制造业带来的伟大成果，为了适应人们传统的审美习惯和需求，满足新兴资产阶级显示其财富和社会地位的需要，许多生活日用品往往借助新古典主义或折衷主义的风格来附庸风雅提高身价，不惜损害产品的使用功能。把手工业产品上的某些装饰直接搬到机械产品上，结果却是恶劣、丑陋的装饰风格的泛滥，产品造型显得俗不可耐，产品的形式与实际使用功能毫无联系之处。例如，铸铁的蒸汽机机身刻上哥特式纹样，把金属椅子用油漆涂上木纹，在纺织机器上加入大批洛可可风格的饰件等等，设计的现状显然与代表社会进步的生产方式格格不入。

这些浅表审美化的装饰受到了嘲笑和批评。而产品内部形成的技术和艺术、功能和审美的统一则是深层审美化的表现。韦尔施说："审美过程不仅包括了已完成的、给定的物质，而且甚至决定了它们的结构，不光影响它们的外表，甚至影响其内核。"产品的深层审美化也应该遵循这样的原则。如何使产品具有审美属性呢？有效的路径是将理论与实际相结合，在我国工业生产实践活动的基础上，对于不同产品的"设计—生产—销售—消费"的整个过程进行有效地、具体地分析研究，总结归纳深层审美化具有规律性的东西，从而进一步指导新的产品实践，使美学理论为产品的使用者服务。

1.2.2 审美与日常生活之间的关系

（1）艺术与日常生活同化

我们所审视的日常生活审美化，实际上从某种意义上来说就是日常生活用品审美化，人们通过对具有审美性的日常产品的使用过程，达到对新感觉、新品味、新生活方式的追求。到了后技术时代，日常生活的艺术化进程与图像符号相互联系，日常生活用品与符号联结，形成了商品符号关系，生活用品的使用价值被产品符号价值所体现。日常生活直接变成艺术，是现代主义的精英主张之一，后来又成为后现代艺术的诉求。审美由艺术转化为生活，从波普艺术到行为艺术、从偶发艺术到大地艺术、从活动艺术到观念艺术，都是试图冲击现代艺术观念在日常生活中与审美、艺术之间的隔阂，让艺术与生活同化，使艺术成为生活的一部分，消解了日常生活与艺术的界限。正如韦尔斯在《重构美学》一书中所说的那样："毫无疑问，当前我们正经历着一场美学的勃兴。它从个人风格、都市规划和经济一直延伸到理论。现实中，越来越多的要素正在披上美学的外衣，现实作为一个整体，也愈加被我们视为一种美学的建构。"例如波普艺术家安迪·沃霍尔设计的作品"坎贝尔"汤罐头，至今仍陈列在美国各大超市中，成为人们随时享用的消费品，拉近了艺术与大众的距离（图1-6）。

———— Q2 ————
何为波普艺术，它有怎样的艺术观念？

（2）审美的日常生活化与日常生活审美化的关系

审美的日常生活化与日常生活审美化，其本质都是审美与日常生活的相互渗透、审

图1-6 沃霍尔设计的"坎贝尔"汤罐头

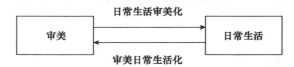

图1-7 审美的日常生活化与日常生活审美化的关系图

美与社会相互影响的关系。但是它们两个过程不一样,即日常生活向审美渗透与审美向日常生活渗透的过程。然而,在这两个过程中模糊了艺术与生活的界限,日常生活向审美渗透的方向,导致了"艺术的终结";艺术向日常生活渗透的方向,带来了审美的自由与民主,但是也带来了艺术的泛滥。因此,产品艺术创意将系统地对产品在日常生活与审美文化之间协调其能动的关系,使日常生活审美化能够带给人们不同的生活体验(图1-7)。

1.2.3 产品艺术创意与日常生活

(1)产品艺术创意是日常生活审美化实现的工具

在现代设计活动中,产品艺术创意是连接艺术与生活的桥梁,成为日常生活审美化得以实现的工具与手段。产品艺术创意体现了在现代设计活动中的重要变更,设计活动从单纯的功能性设计向具有丰富内涵的社会文化性与审美性现象转变,在某种意义上,产品艺术创意成为一种产品的美学与文化符号。因此,产品艺术创意成为日常生活审美化进程的一个重要标志。无论是艺术家安迪·沃霍尔设计的作品《坎贝尔汤罐头》还是马塞尔·杜尚的《泉》，都是将日常生活中的平庸之物作为艺术的表现主题，使艺术变得生活化，让艺术充斥在日常生活的符号与影像之流。那么这些创作需要一定的灵感与创意，才能从人们司空见惯的日常生活中脱颖而出，成为风格迥异的产品。

（2）产品艺术创意沟通产品功能性与审美性

在过去相当长的时间里，日常生活用品设计主要侧重于产品功能的实现与表达，产品艺术创意则兼具社会文化性与工具性，起到沟通产品功能性与审美性的作用，即连接生活与艺术、追求产品社会文化内涵与审美效果。产品艺术创意一方面对缺乏发展空间与活力的产品注入了新鲜的血液，是对严谨的现代主义设计、冷漠的功能主义和理性主义设计、怪诞的后现代主义设计的一次反思；另一方面是对千篇一律的产品形式的一次改革：在形式上注重产品的多样性与装饰性，在设计中关注人性与情感的表达，在理念上崇尚自然与生态，在文化内涵上注重历史的传承与发展。由此可见，产品艺术创意与日常生活审美化有着息息相关的关系，产品艺术创意不仅可以实现日常生活审美化，而且在一定程度上促使着日常生活审美化的发展。

1.3　消费时代的来临与消费主义的兴起

1.3.1　消费主义的兴起

20世纪消费主义弥漫全球，在当代"消费社会"，文化已经商品化了，文化商品进入了消费。产品消费不仅仅体现在物质文化上，更体现在文化含义上，产品消费体现消费者的个人身份；产品消费的不是商品和服务的使用价值，而是它们的符号象征意义。鲍德里亚说："消费主义是指这样一种生活方式，消费的目的不是为了实际需求的满足，而是不断追求被制造出来、被刺激起来的欲望地满足。"英国学者卢瑞（Celia Lury）认为"消费文化是20世纪后半叶出现在欧美社会的物质文化的一种特殊形式"。美国后现代理论家杰姆逊曾经这样描述：西方消费社会包括新的消费类型，人为的商品废弃，时尚和风格的急速变化，广告、电视等媒体以迄今为止无与伦比的方式对社

―――― Q3 ――――
何为消费社会?

会的全面渗透，城市与乡村、中央与地方旧有的紧张关系被市郊和普遍的标准化所取代，超级公路庞大网络的发展和驾驶文化的来临……由消费社会衍生出"消费文化"（consumer culture），这个术语强调商品世界及其结构原则对理解当代社会具有核心地位。费瑟斯通指出，这里有双层的涵义：首先，就经济的文化维度而言，符号化过程与物质产品的使用，体现的不仅是实用价值，而且还扮演着"沟通者"的角色；其次，在文化产品的经济方面，文化产品与商品的供给、需求、资本积累、竞争及垄断等市场原则一起运作于生活方式领域之中。由此可见，产品不仅具有实用价值，更多的是具有符号价值，传达一种文化给消费者。当人们购买产品时，其价值已不再是产品本身能否满足消费者的需求或其产品自身的交换价值，而在于消费者对个体欲望的满足，这种满足让产品成为载体。因此，产品消费成了一切文化艺术活动的基础，与此同时也成了一切社会归类的基础。人们不仅仅消费物质产品，更多的是消费品牌、消费广告、消费欲望，同样也消费符号。这种消费文化无所不在地弥漫，改变了人类数千年来对艺术、精神、文化、信仰及自身生存意义固有的认识和界定，也生成着、创造着、选择着新的艺术观和文化观，形成了产品的品牌艺术，使得产品艺术创意的文化得以传播。

1.3.2　符号消费

"物—符号"是消费社会兴起的标志。关于"物"的概念，鲍德里亚认为，消费社会的"物"已经不是传统意义上自然状态下的"物"，而是具有符号意义的"物"，其价值体现在物品所蕴涵的社会意义上。对物的消费，也是对物的符号意义的消费。"在某种意义上说，晚期资本主义的文化生产和再生产过程基本上就是各种符号的不断解构和重构活动"。鲍德里亚的消费理论是在一个充分发展的资本主义阶段，需求与使用价值之间产生了分离，曾经在物品中所存在的使用价值已经不再成为这个社会生产的理由，需求是意识形态制造出来的东西，它与使用价值之间不再存在天然的统一性，我们购买商品并不是因为它的使用价值，而是由于另外一些东西，他把它们命名为"符号价值"。他举例说，吸箭牌香烟具有如下意义："戏剧演员在走上舞台前吸，拉力赛手在戴上头盔前吸，画家在画布上签名前吸，年轻的老板在向其主要股东说'不'前吸……或者像这位'有200万读者期待着其文章的'记者那样吸一支万宝路。您有一位出自名门的妻子和一辆阿尔法，罗密欧2600斯普林特，但是假如您使用绿水牌香水的话，那就拥有了名士所必须的完美三要素，您就拥有了后工业时代贵族气质所有必须的部分。"鲍德里亚指出："有意义的消费乃是一种系统化的符号操作行为。"也就是说，记者的香烟、出自名门人士的名车、香水等等这些产品，其品牌价值胜过其使用价值，人们根据自己的喜好、阶层、身份、品位等对这些产品进行选择，当满足他们实用价值的同时，他们选择的是产品背后的符号价值，因此这是一种差异性符号的选择。产品的价值也就不再依附于它的使用价值，而是依附于意识形态附加于产品之上的东西，即产品的符号价值。并且这种产品符号价值，由于资本主义意识形态的运作，被巧妙地制造成了人们的"现实需求"。产品以符号的形式进入到物体属性时，消费者所消费的便不再是产品的使用价值，而是其象征价值或者符号价值。这种价值可以表现一个人的风格、审美、权力、地位、奢侈等标志，进而成为商品或消费中不可或缺的一部分。消费者在消费过程中，更加关注消费品符号背后象征和代表的意义与情感，即对这些符号背后所代表的"意义"和"内涵"的消费。因此，消费者把产品符号所表达的内涵和意义本身作为消费的对象进行消费，通过消费表达某种意义或信息，而在产品的艺术创意中产生的符号只是人们实现价值的工具和手段。

1.3.3 品牌消费

品牌是相关事物的表征，是一个名称、术语、标记、图案，或者是这些要素的组合，用来识别产品的制造商和销售商，它既有精神属性又有物质属性，是企业的信誉、品质、技术、服务等诸多方面的综合体现。从交易双方来看，品牌是卖方做出的不断为买方提供一系列产品特点、利益和服务的允诺。在消费者眼中，品牌是一个产品的重要组成部分，因此产品品牌的建立能够无形之中增加产品的价值，提高产品的精神属性。例如，许多消费者会认为白色亚麻香水品质高、价格昂贵。但是，如果同一种香水放置在没有任何品牌标志的瓶子里，即使香味、色泽没什么两样，也很有可能被人们认为质量较差。品牌消费，是指使用品牌产品以满足人们物质和文化生活的需要。随着消费者文化层次、收入水平、消费观念的不断提升，消费者的品牌意识不断增强，对知名品牌也越来越偏爱。品牌是精神文化与物质文化的高度结合体，我们在消费该品牌产品时，不仅消费了它的物质部分，同时还消费了该品牌的精神文化。品牌代表一种文化，如"范思哲"（VERSACE）是意大利著名设计师范思哲创立，并以他的名字命名的品牌。其品牌标志是希腊神话中的蛇发女妖美杜莎（MEDUSA），她代表着一种极强的吸引力，她的美貌迷惑人心，使见到她的人立刻化成石头。范思哲竭尽一生都在追求这种美的吸引力与震慑力，他的作品中总是蕴藏着感性的力量和极度的诱惑，以致濒临毁灭的强烈的张力，如将古希腊神话融入现代时装中，追求极度的完美和强烈的视觉效果，处处象征范思哲带着神话色彩的设计精神。范思哲在几十年的发展过程中不断增强品牌的文化内涵，让奢侈成为一种文化。

图 1-8　范思哲品牌 LOGO

范思哲品牌（图 1-8）除经营时装之外还涉及香水、眼镜、瓷器、玻璃器皿、家具产品等，他的时尚产品已渗透到了生活的各个领域，无所不在。1982 年范思哲设计的最著名的金属服装，借助金属网状、绚丽色彩、古希腊和罗马风的主题，以及大量金饰品应用从而凸显一种社会生活中的抗争精神——这已成为范思哲品牌时装的一个经典特征，其追求简约、性感、大胆直率，并表达一种冒险精神，面料考究，色彩非凡，图案与款式统一风格，将传统性和地域性要素演绎得极为现代，充满时尚。范思哲的设计源自生活，又以设计创造生活之美。

产品艺术创意促进文化内容的创新。产品艺术创意将新的创意注入了传统的文化之中，在吸收和发扬传统文化的同时，借鉴其他民族优秀的文化成分，实现艺术创新。产品艺术创意促进文化形式和文化载体的创新。借助于现代技术的进步，产品艺术创意将文化创新和科技创新结合起来，以文化创新为内容的数字技术新产品成为新的文化载体，如苹果公司研发的 iPad 可以编制音乐、iTune 下载音频产品、iPod 海量存储音乐等，为消费者提供了前所未有的新的文化体验。产品艺术创意的产生、发展和崛起是由一个国家或地区的经济、文化和社会发展水平决定的。据统计，当发达国家人均 GDP 超过 3000 美元时，人们对文化的消费则进入快速增长阶段；人均 GDP 在 5000 美元以下时，拉动经济增长的主要动力是制造、加工和传统服务业；当人均 GDP 超过 5000 美元时，则进入对文化消费的"井喷"阶段，即当人均 GDP 在 5000 美元至 10000 美元之间时，拉动经济增长的主要动力在于科技创新、创意产业、高科技产业和服务产业。国家统计局网站发布了《关于 2011 年年度国内生产总值（GDP）初步核实的公告》：2011 年我国 GDP 达 47.2 万亿元，人均 GDP 达到 5432 美元。上海、北京、深圳等城市人均 GDP 已经超过

10000美元，标志着我国文化消费需求已步入快速增长的阶段，人们对文化创意产品需求也日益增加。

随着经济发展水平的提高，人们的消费结构逐渐从物质消费向文化消费、精神消费升级，从生存型消费向追求生活质量的享受型消费转变，这为产品艺术创意发展提供了更多的市场空间。消费结构进一步向文化消费、服务消费升级，从而激发文化产品和创意产业不断优化和升级，为创意产业带来更多的机遇和发展空间。费瑟斯通通过研究证明，人们对商品的享用，只是部分地与物质消费有关，关键的还是人们将其用作一种标签。通过商品的使用来划分社会关系，也就是说，消费方式是社会性结构方式的反映，当人们消费商品的时候，社会关系也就显露出来。美国经济学家罗斯托在《政治与成长阶段》中提出了追求生活质量将是未来消费的必然趋势，他把世界各国的经济发展分为六个阶段，即"传统社会"阶段、为"起飞"创造前提阶段、"起飞"阶段、走向成熟阶段、大众高消费阶段和追求生活质量阶段。很多消费者在购买商品时，其选择不是取决于哪些是生活必需品，而是取决于流行风尚和广告宣传。在消费社会，社会分层的标准不是阶级的差异，而是品味的差异。人们通过文化符号的消费来寻求自身的归属感，消费那些具有差异性、个性化和文化品位的创意产品和服务，因此，创意产业为多元化的社会关系的重新构建奠定了社会基础。

1.4 文化艺术产业的兴起

1.4.1 由中国制造向中国创造的转向

在上海热闹的淮海路上，芭比中国旗舰店的粉红色玻璃屋让人产生无限的遐想。从整体的室内设计到商品摆设，芭比娃娃绝对是唯一的主角。一个漂亮的芭比娃娃，能让一个小女孩的童年变得丰富生动起来，代价也不算低，每个芭比的售价都要达到200～400元。"芭比娃娃"诞生于美国，是美国文化的典型代表之一，数年来销往世界150个国家，总销量超过10亿个。芭比娃娃50年来产地的变迁，从一个侧面反映了"世界工厂"的迁徙之路。芭比娃娃诞生时，正处于战后重建阶段的日本盛情邀请它落户，那时的日本被称为"世界工厂"。20世纪60年代，为了降低成本，芭比娃娃的经销商美泰(MATTEL)和其他玩具制造商就在亚洲开设了工厂，这其中包括中国香港、菲律宾、马来西亚、泰国和印度尼西亚，随后，就像千百万种其他产品一样，芭比娃娃变成了"中国制造"。按照美国商务部所公布的数据，中国企业制造芭比娃娃（图1-9）的价值

图1-9 中国企业制造芭比娃娃

是1美元,最后在美国的沃尔玛卖出去的价格是9.99美元。从一开始的制造到终端的零售整个价值的创造是接近10美元,可是中国制造业只创造了1美元的价值。而材料费还只占据了1美元中的0.65美元,因此中国制造得到的只有0.35美元。就是这点可怜的报酬,中国制造拿到手也不是那么容易。其中,"美泰召回事件"这样的悲剧就让中国制造背上沉重的负担。2007年美泰公司在短短近一个月内,三次宣布在全球召回近2100万件中国生产的问题玩具,导致佛山利达玩具厂商及其上下游供应、检验链上的疏忽被一一曝光和放大。在此之前,佛山利达的产量已居佛山玩具制造业第二,短短一周时间这家拥有十多年良好生产记录的合资企业轰然倒塌。

目前,许多西方国家的技术通过代工的形式转入到中国,这就是中国的"OEM"❶现象。由于中国的劳动力低廉,使得大量的"made in China"出现在世界市场,中国已经成了"世界工厂"。2012年中国科技竞争力在全球排名是26位,我国高新技术产品出口规模已达到5488亿美元,占全国外贸出口的39%,居世界第一位。事实上,中国只是一个制造大国,而非技术大国,许多高科技产业下产品的开发设计还是掌握在跨国投资商的手里,主要原因之一是产品艺术创新不足,没有足够多的原创产品提供给消费者。国内制造业产品同质化严重,企业缺乏产品基础研究,只赚"今天的钱",使竞争演变成

---

❶ OEM(original equipment manufacture)的基本含义是定牌生产合作,俗称"代工"。就是品牌生产者不直接生产产品,而是利用自己掌握的"关键的核心技术"负责设计和开发新产品,控制销售和销售"渠道",而生产能力有限,甚至连生产线、厂房都没有,为了增加产量和销量,为了降低上新生产线的风险,甚至为了赢得市场时间,通过合同订购的方式委托其他同类产品厂家生产,所订产品低价买断,并直接贴上自己的品牌商标。OEM的特征就是:技术在外,资本在外,市场在外,只有生产在内。

了价格战，而不断压低生产成本、粗放式生产是对资源的严重浪费。例如，耐克公司把 60% 以上的运动鞋生产放在中国，世界十大名牌衬衫的订单也大多数下发给中国企业。然而，低廉的劳动力虽为中国带来了大量生产订单，但执行这些订单的中国生产厂家最终能赚多少钱呢？有一个形象的说法：我们出口 8 亿件衬衣才能换来一架空中客车 A-380。根据美国工业设计协会测算，工业设计每投入 1 美元，可带来 2500 美元的收益。世界自然基金会公布了从 1961 年到 2001 年中国人均生态足迹的增长几乎超出了原来的一倍。这也就意味着中国消耗的资源在 40 年中翻了一番。联合国《2011 年中国人类发展报告》指出，环境问题使中国损失 GDP 的 3.5%～8%。中国作为世界上受污染最严重的国家，正处于十字路口，目前的路是"危险之路"，另一条是使经济、社会、资源和环境保护相协调的可持续发展之路。事实告诉我们，走自主创新之路，建设创新型国家，让"中国制造"尽快成为"中国创造"，是时代发展提出的迫切要求。产品的艺术创意可以增加产品的附加值，是制造业转型升级之路。

1.4.2 多种文化艺术产业的兴起

（1）文化产业的兴起

在当代全球化的市场条件下我们通过产业化和高新技术实现了"日常生活的审美化"。文化产业是一种提供文化、精神消费的"内容产业"，在现代高新技术和大众传媒技术发展的基础上得以实现，以产业化的方式向消费者提供大众消费的当代文化运作的方式。在后技术时代，文化发展与高新技术和经济的革命性突破相结合，才不会被飞速发展的现实世界所淘汰。作为"上帝"的消费者们需要什么与消费什么，成了产品发展的成败关键。事实证明，正是缺乏文化产业的有力支持，知识经济才落入低谷，面临着严重的危机。没有需要或喜爱的文化艺术的内容或节目，高新技术与新经济就没有了市场，没有了市场也就失去了持续发展的内在动力。无疑，当代新一阶段的技术革命迫切地需要文化产业的支持。所以，从一定意义上说，网络等媒介产业的生存能力取决于"内容"的创造和消费。从发展的环节看，以内容为目标的文化产业成了文化经济传播交流的"基础的基础"。由此可见，文化产业的兴起与未来经济发展有着密不可分的关系。高新技术需要文化产业，因而内容产业与创意产业也就成了经济发展的重要战略之一。与此同时，文化产业也担负起建设与未来世界新的技术形态和经济形态相协调的新的文化产业形态的重任。从艺术创意本身来说，它是一种"创意产业"，能够为文化产业提供良好的发展路径。

（2）创意产业的兴起

目前，创意根据理论方向和理论层次的不同可以分为宏观、微观和产业等不同理论。

① 宏观理论型——约瑟夫·熊彼特

宏观理论型主要是相对世界范围内和国家层次来说的，是一个关于创意、创新的综合阐述。虽然说人类历史上出现了许许多多突破性理论，这些理论也都是创意思维、创新思维的结果，但明确以"创新、创意"为主题进行深入理论探讨的，并将其与社会发展、经济发展进行紧密联系的，当以美籍奥地利经济学、社会科学家约瑟夫·熊彼特为代表。熊彼特一生著作很多，内容涉及社会科学的许多方面，主要经济著作包括：《国民经济理论的实质和主要内容》(1908)，《经济发展理论》(1912)，《教条与方法论的时代》(1914)，《经济周期》(1939)，《资本主义、社会主义和民主》(1942)，《从马克思到凯恩斯十大经济学家》(1950)，以及遗著《经济分析史》(1954)等。

熊彼特在《经济发展理论》一书中率先提出"创新"（Innovation）一词，他对创新这样定义："这个概念包括以下五种情况：一是采用一种新的产品，也就是消费者还不熟悉的产品，或一种产品的新特性。二是采用一种新的生产方式，也就是在有关的制造部门中尚未通过经验检定的方法，这种新的方法不需要建立在科学新发现的基础之上，并且可以存在于商业上处理一种产品新的方法之中。三是开辟一个新的市场，也就是有关国家的某一制造部门以前不曾进入的市场，不管这个市场以前是否存在过。四是掠取或控制原材料或半制成品的一种新的供应来源，也不问这种来源是已经存在的，还是第一次创造出来的。五是实现任何一种工业的新的组织，比如造成一种垄断地位或打破一种垄断地位。"熊彼特的这个涵盖面很广的创新概念，包含许多思想，由此形成了经济史上的熊彼特主义以及熊彼特之后的激烈争论。当今风靡全球的"蓝海战略"❶ 也能在熊彼特创新经济理论中找到根据，或者说这本身就是熊彼特创新理论的一部分。我们认为，熊彼特的五种新的组合，前两个组合是以产品创新和工艺创新为主要特征的技术创新，这与熊彼特的技术内生于经济的思想是一致的，新的经济行为引入经济活动中就构成了他的广义的宏观的技术创新亦即创新概念。因此熊彼特的创新概念也适用于产品的艺术创意，艺术创意也是一种创新，它也能为创新新产品、开拓新市场实现一种新的组织形式。

---

❶ 蓝海战略（Blue Ocean Strategy）最早是由 W·钱·金（W. Chan Kim）和勒妮·莫博涅（Renée Mauborgne）将企业长期调研成果写成《蓝海战略》，他们提出了创新的战略，总结企业成功经验，为企业产品创新提供了新的思路，并称为蓝海战略。

② 产业理论型——约翰·霍斯金

虽然"创意"与"创新"内涵、本质和外延等基本一致，但是以往的各种理论著作中很难独立的看到"创意"理论。这主要是因为虽然大家了解创新对于一个国家、一个社会、一个企业来说非常重要，但是创新只是一种理论、一种思想，并没有自己本身的载体。

我们的社会发展历经农业文明、工业文明，经济的主体（载体）是实实在在的物品和商品。只是到工业社会充分发展到一定阶段，以服务业为核心的第三产业发展和崛起之后，"非物化"的商品开始成为重要角色，于是出现了许许多多以"知识密集型"为主导的"创意产业"。英国是创意产业的发源地，英国首相托尼·布莱尔任工党主席后提出了"新工党，新英国"的口号，成立了创意产业工作小组，并制定了包括设计在内的艺术创意产业发展政策。其范畴包括13个行业，即：广告、建筑、艺术和文物交易、工艺品、设计、时装设计、电影、互动休闲软件、音乐、表演艺术、出版、软件、电视广播。创意产业之父约翰·霍斯金（John Howkins）在2011年8月于英国伦敦提到"创意"，他指出创意之所以在世界各地迅速风行，溯其原因在于每天都有数以百万计的个体在各自做一些与众不同的事情，或力图将这些事情做得更好。他们自觉地去追求更具艺术感、更优雅的事物，或是追求更令人满意的结果。霍斯金在其《创意经济——如何点石成金》（2006）一书中，将创意产业分为：广告、建筑、艺术、工艺、时装、电影、设计、软件、视频游戏、出版、摄影、表演艺术、音乐、交互式休闲软件等15种类别，并构想更宽广的"创意产业"定义，包含了"版权产业""专利产业""商标产业""设计产业"等，霍斯金指出这15种核心创意产业中大多数都与艺术创意有关，并且能够运用到产品艺术创意的生产中来，由此可见创意产业与艺术是息息相关的。

③ 微观理论型——奥斯本

微观理论主要是就"创意方法"自身进行的理论探讨，是对"创意思维"本身的深入研究。创新过程是一个多重因素相互作用的非线性过程，创意方法的研究是研究创新过程中有没有逻辑顺序、规则、方法以及有什么样的顺序、规则与方法为宗旨的哲学研究。头脑风暴法（brainstorming）又称智力激励法、BS法，是由美国创造学家A·F·奥斯本于1939年首次提出，头脑风暴法是创意思维策略，最初用在广告的创新上，此法强调集体思考的一种方法，强调相互式激发思考，鼓励参与者在有限的时间内，产生出大量具有创意的意念，并从中衍生出新颖独特的构思。脑力激荡法虽然以团体的模式进行，但也可用于个人思考问题和探索解决方法上。该法的基本原理是：只专心提出构想而不加以评价；不局限思考的空间，鼓励想出越多主意越好。此后的改良式脑力激荡法是指运用脑力激荡法的精神或原则，在团体中激发参加者的创意。在实际的创新活动中头脑风暴法并非限于新产品的设计开发，也可应用于管理。

从熊彼特的创新观念、霍金斯的创意产业到奥斯本的头脑风暴法都与产品艺术创意有关并且适用其中。在理查德·E·凯夫斯（Richard E. Caves）的著作《创意产业经济学——艺术的商业之道》（2004）中阐述了艺术创意的路径行为，全书从简单创意产品的供应到复杂艺术产品的生产及创意产品的需求、成本、时间分析等方面与艺术家、消费者之间的关系都作了论述，着重强调了包括视觉艺术、表演艺术、电影、声像制品和图书出版业在内的艺术创作产业的组织形式和内在逻辑。

因此，创意产业给我们提供了宽泛地与艺术的、文化的、娱乐的价值相联系的产品或服务。它们包含视觉艺术、表演艺术等艺术产品。由于创意产业与文化产业的内在联系，势必导致艺术创意的飞速发展，其文化特性区别于一般艺术文化的特性，艺术创意更多地指向艺术与社会的融合、艺术与娱乐的融合。

人们日常生活中不可缺少产品，产品是一个国家科技水平进步的体现，它不仅反映一个时代、一个民族的生活习惯，同样映射出一个群体的消费取向。尤其是在物质文明日益发达的后技术时代，人们对产品中所展现的精神文化内涵的要求越来越高，对产品中隐含的非物质文化因子越来越关注。换句话说，产品的技术、材料、造型等物质生产条件已经不是制约产品发展的主要因素，而产品的艺术创意所折射出来的产品的审美价值及文化内涵，已经成为影响人们消费的关键点。这样一来，产品设计中所蕴含的民族文化与时代特性也就成为现代产品设计中的普遍关注点。当前，中国产品设计正处于振兴阶段，产品设计只有以产品文化内涵为依托，才能在传统中去创新，开创新时代产品设计的未来。因此，产品艺术创意为中国经济转型、促进文化传播、提升文化消费需求及消费结构升级提供了前进和发展的动力，产品设计的应用领域也将进一步扩展。在未来的发展道路中，产品艺术创意以市场为导向，结合技术、文化、需求等泛市场因素，构建产品艺术创意生态系统模式，以数字技术革命提升产品艺术创意内容的生产与传播，依托创意产业发展，强化产品设计的创新要素，推动和催生我国产品艺术创意新突破。

第 2 章
产品艺术创意的审美理念表达

任何立足于人类文化的产品艺术创意，都必须基于时代背景、历史及文化传统，并了解艺术创意的真正源泉和动力。世界工业产品在历史演变中，积累了许多丰富的经验与财富，尤其从鼎盛时期的现代工业产品中，科学分析其设计理论与文化符号，合理评价其设计创意与文化因子，是非常必要的。我们只有坚持历史与逻辑的统一，从世界工业产品设计创意中发掘与探索、去粗取精，合理处理传统与创新的关系。

2.1 创作主体的文化艺术背景与审美理念

在艺术创意中，艺术学、美学理论是其理论基础。产品艺术创意的实质是产品艺术的创造，在其创造活动中遵循产品艺术创造或产品艺术活动的基本规律，其中对产品艺术创意有制约与影响作用的有：产品艺术活动的价值链规律、产品艺术传承规律、产品艺术形态学规律、产品艺术形式组合规律、产品的艺术接受规律等。正是在诸多产品艺术活动内在规律的指导下，产品艺术创意活动方能获得正常的运行与进展。当代社会与文化的一个突出变化——"日常社会生活审美化"为产品艺术创意活动提供了良好的条件，美学已经渗入到现代产品生产中，产品具有文化属性，艺术形式也已经扩散到了一切产品和客体之中，以至于现在所有的产品都有了一种符号。我们现在所探讨的日常生活审美化的语境从其产生的客观基础而论，它出现的语境经历了三个时期：从19世纪中期的"工艺美术运动"时期到 1907 年"德国工业联盟"时期再到柯布西耶的"机器美学"时期。

2.1.1 艺术与技术相结合

（1）工艺美术运动的形成是工业革命中技术与艺术分离后的再结合过程

从康德提出的古典美学理论到新康德学派的价值论可以看出，近代美学强调审美性与有用性这两个价值领域的相对立关系。然而，在工业革命早期，在这种美学观的影响下，当时工业技术以机械化的手段用来提高产品生产效率，以至于生产出的产品外形丑陋，背离美的要求，更谈不上艺术。1851 年工业革命的发源地英国伦敦举办了第一次世界性的国际工业博览会，各种工业产品（包括传统手工艺品）在用钢铁和玻璃建成的"水晶宫"的大厅内展出，震惊了全世界（图 2-1）。世博会上展出的产品一方面是外观粗陋的廉价工业产品，另一方面是耗费工时、精工细作的高价手工艺品，因此人们认为产品的工业化与产品的审美是水火不容的。无论是工业产品或传统手工艺品都有一个十分明显的倾向，就是对装饰的广泛使用，有的甚至不顾及设计的原则，到了"为装饰而装饰"的地步。如法国展品中的一盏油灯，灯罩的基座用了金、银材料，其造型十分繁冗复杂，犹如纪念碑一般。一件女士们做手工的工作台被设计成了洛可可风格的宝物箱形，还饰有天使群雕，承重的桌腿设计成了弯曲多变的枝蔓形。一些展品的设计者在探索新造型、使用新材料、采用新工艺的同时，试图依靠装饰来提高实用品的"艺术价值"。如一件鼓形书架（图 2-2）可以沿中心水平轴旋转，每层搁板均挂在两侧圆盘上，这样搁板就可以连续地以使用者方便的位置出现。从功能设计上看似有新意，但在功能性的结构设计上，仍布满了与功能无关的装饰，如书架侧板上的花饰和狮爪脚的设

图 2-1　第一届国际工业博览会

图 2-2 鼓形书架

计等。此时，在英国出现了一种返璞归真的艺术思潮，艺术家威廉·莫里斯反对大工业生产的模式化与粗制滥造，诋毁大工业时代的技术力量，提出了"艺术与技术"相结合的一场关乎设计命运的运动——"工艺美术运动"，这一运动可视作工业产品艺术创意的开端。

（2）工艺美术运动是产品艺术创意实现的基础

在工艺美术运动中，莫里斯认为艺术和美不应当仅存在于绘画、雕塑之中，主张人们努力把日常生活用品变成美的、具有艺术性的，他要求抛弃那些"粗糙的丑陋或华丽的丑恶"的产品，倡导产品生产必须重视研究和解决在工业化生产方式下的工业产品设计问题。而在当时英国著名的艺术评论家和思想家约翰·拉斯金看来，工业产品的主要缺陷是虚伪和繁琐。他对英国的工业化深深忧虑："我们的工厂制造出如此巨大和狂暴的噪声，它证明我们能制造一切，但毁了人类。"他认为丑陋的根源是工业化和由它带来的分工："劳动分了工，人也被分成了碎片和粉屑。人所剩下的智慧已做不成一针一钉，而只能做出针尖和钉头来。"拉斯金的美学理想是简洁实用："简洁的建筑是高贵的建筑。"同时，他主张艺术是为人类服务的，产品设计要以实用为目的。他曾这样写道："以往的美术都被贵族的利己主义所控制，其范围从来没有扩大过，从来不去使群众得到快乐，去有利于他们。"在设计上，"与其生产豪华的产品，倒不如做些实实在在的好产品。请各位不要再为取悦公爵夫人而生产仿制品，你们应该为农村中的劳动者生产，应该生产一些他们感兴趣的东西。"由此可以看出，作为一名早期的社会主义者，拉斯金把设计丑陋归因于机械化的大工业生产，这是一种倒退的历史观。虽然莫里斯、拉斯金都看到了技术与艺术的矛盾性，但是他们解决矛盾的方案是错误的，他们否定机械化生产的思想,主张倒退到手工艺时代,这是背离工业革命的必然趋势,从根本上解决不了这种矛盾。值得欣慰的是,拉斯金的设计理论具有民主的色彩,拉斯金认为设计不是为少数人服务的,而是为大多数人服务的。他认为工业与艺术、技术与设计应该相结合,"工业与美术现在已在齐头并进了,如果没有工业,也无美术可言,各位如果看一看欧洲的地图,就会发现,工业最发达的地方,美术也最发达。"因此,莫里斯受拉斯金的影响,在他的设计中,将程式化的自然图案、手工艺制作、中世纪的道德与社会观念和视觉上的简洁融合在一起,从而发展了关于形式或者说是装饰与功能关系的思想。莫里斯在阐明他所采用的装饰时说:"在许多情况下,我们称之为装饰的东西,只不过是一种我们在制作使用合理并令人愉悦的必需品时所必须掌握的技巧,图案成了我们制作的物品的一个部分,是物品自我表达的一种方式。通过它,我们不仅形成了自己对形式的看法,更强调了物品的用途。"由此可以看出,莫里斯认为艺术与技术相结合,装饰是产品设计中的一部分,不仅具有审美功能更具有实用功能。

综上所述,工艺美术运动为产品艺术创意提供了基础,艺术创意能够产生和发展是在当时社会政治、经济、文化的全面改革下,引发了产品设计环境、条件、性质及方式的巨大变化下形成的,"这些伟大的设计师们用抽象与简化的自然花纹和曲线,脱掉了延续数千年建筑与设计的守旧、折衷的外衣,为现代设计的简化和净化过程铺平了道路,同时创造了前所未有的设计表现形式。"工艺美术运动对于产品艺术创意的贡献是重要的,它不仅提出了"美与技术结合"的原则,主张美术家从事设计,反对"纯艺术",强调"师承自然"、忠实于材料和适应使用目的,为产品艺术创意提供了灵感,从而创造出一些简洁大方而且适用的作品。

2.1.2 产品的功能、审美和使用时的舒适三者结合

在大工业机械化生产中,由于社会生产的分工不同,产品的设计、制造、销售相分离,因而设计获得了相对独立的地位。但是,大工业生产出的产品粗制滥造,产品更不具有审美标准。原因在于人们一味追求新技术、新材料的成功运用,工厂主与技术人员只关注产品的生产流程、质量、销售及产值利润,并不顾及产品美学价值与艺术性。另一方面还在于许多艺术家对平民百姓使用的工业产品不屑一顾。因此,在大工业机械化生产中艺术与技术对峙的矛盾十分突出。

无论是英国的工艺美术运动还是欧洲的新艺术运动,都没有完全摆脱拉斯金、莫里斯等人否定机器生产的思想。直到一个有巨大影响力的组织——德国工业联盟(Deutscher Werkund)的出现,这种情况才得以改变。德国工业联盟最优秀的代表性企业

当属德国通用电气公司（AEG）。德国工业联盟组织的发起者彼得·贝伦斯担任AEG公司的艺术总监，成功地推进了该公司的产品设计。贝伦斯主张产品的功能、审美和使用时的舒适三者结合，成功地开启了欧洲现代工业与艺术设计相结合的先河。但是他的早期设计深受新艺术运动的影响，最初常利用图式化的平面来制作富有节奏感的装饰样式，这是受莫里斯程式化的自然图案的启发。后受到马金托什的影响，运用理性的几何造型来表达其产品设计，偏向以直线为主的功能主义设计观。他掌握了正在变革中的产品艺术设计的趋势，了解到产品设计只有与大工业的机械化生产的工业技术、材料工艺、艺术形式紧密结合才会使产品具有生命力。他认为："我们别无选择，只能使生活更简朴、更实际、更组织化和范围更加宽广，只有通过工业，我们才能实现自己的目标。"与以往艺术家不同，他不仅肯定大工业机械化生产方式，更找到了适应这种生产环境的设计方式的功能主义的内核，并贯穿到其产品设计中去。他为AEG公司设计了众多的家用电器产品如电扇、灯具、电水壶等，在这些产品设计中他十分重视运用系统协调与逻辑分析的方法去解决这些问题，并强调产品标准化部件的设计，他的这种设计方法已初步具有现代大工业设计观念。例如，他通过改变产品容量、局部的几何形状、材料、装饰的途径，设计了电水壶系列，基础模式有圆底、椭圆底与六面体，被称为"中国灯笼"（图2-3）。他设计的这种电水壶重视以标准件为基础，采用这些零件可以灵活装配成80余种不同样式的水壶，并有不同材料、不同表面处理及不同尺寸的多种设计方案选择。他把纯粹的几何图形与简洁精致的装饰很好地结合在一起，使得这些产品具有自身的价值，而非从手工艺那里借用的价值。他设计的电水壶充分考虑到在那个时代下产品机器批量和标准化统一生产的特点，使水壶的提梁、壶盖等零件都可以和别的造型的水壶配件相互交替

图 2-3 德国通用电气公司设计的电水壶（1909）

使用。其设计理念强调产品的实用功能，体现了现代设计的美学本质。由此可见，贝伦斯不愧是第一个改革产品设计使之适合工业化生产的设计师。

2.1.3 机器美学

（1）机器美学产生背景

从工艺美术运动、新艺术运动到德意志制造联盟，先后提出了具有创新精神的设计思想。但这些理论是零散的，新的观点还未完全形成系统，最重要的是市场上还没有产生出一批较成熟且具有影响力的产品。因此，这个阶段是现代主义的酝酿和启蒙阶段。第一次世界大战后，工业技术发展到了一定水平，现代主义形成和发展的条件都已经相对成熟，市场体系也已健全，此时艺术上的变革也改变了人们的审美趣味，这为更富有时代气息的现代新美学铺平了道路。在这种情况下，意义深远的现代主义形成，并标志着现代工业设计的开端。现代主义产生了一种新的设计美学观，现代主义强调机器的产生是现代社会进步的标志，机器及其产品成为消费品往往要借助于传统的装饰而进入家庭环境。但是，现代主义则认为机器应该依靠自己的形式语言来自我表达，机器产品应该有符合自己时代的美学表达方式，而不应披上历史的、传统的、风格的外衣。也就是说在产品设计上任何产品的视觉特征应由机械的内部逻辑和其自身的结构来确定。这种由科学性取代了艺术性的审美观、价值观被称为"机械化时代的美学"。然而机器美学主导产品艺术创意，影响着人类的生活方式及审美观念。作为这种产品设计的美学反映，又衍生出各种新风格、新流派。因此，只有对机器美学有深刻的认识才能科学地了解其主导的产品设计的各流派及其发展。

（2）机器美学设计特征及理念

"机器美学"指建筑应像机器一样符合实际的功用，强调功能和形式之间的逻辑，机器美学关系，反对附加装饰；建筑像机器那样可以放置在任何地方，强调建筑风格的普遍适应性；建筑应像机器那样高效，强调建筑和经济之间的关系。"机器美学"在产品设计上追求一种造型中的秩序、简洁、几何形式及机器本身所表达出的理性与逻辑性，其视觉表现一般是以简单的立方体及其变化为基础，强调空间、直线、体积、比例等要素，并排斥一切繁冗的装饰，从而产生一种标准化的、简洁的模式。即现代主义设计在造型语言上采用抽象的几何形式，产品的外在形式应该是内部结构和功能的反映，以此来象征机器时代产品的理想和效率。因此，"机器美学"使产品的设计与批量生产更为协调，更能够体现它的优越性和生命力。

现代主义强调的是功能主义和理性主义❶。但是，现代主义并不等同于功能主义与理性主义，它具有更加广泛的含义。机器美学时代中"形式追随功能"的理念使得现代主义产品设计的美学与传统的美学形成对比，现代理性对传统感性的反叛、对高科技的向往、对贵族式价值的抛弃、对大众生活与道德观的认同，已经成了这一时期不可逆转的美学思潮。"形式追随功能"的信条对大工业机械化生产下的产品设计都产生了巨大影响，人们对简洁美的诉求使艺术融入大众产品之中，也改变了人们传统的美学观。

（3）机器美学中的产品艺术创意

产品艺术创意的目的在于探索适合新技术条件的产品设计美学，达到技术与艺术的再结合。在"机器美学"被实际应用到机器本身之前，首先在柯布西耶的建筑和一些工业产品上得以体现。柯布西埃最有影响的一句名言"住房是居住的机器"就是基于这种思想而提出的。他认为"这个时代里存在着一种新精神，这个时代实现了大量的属于这种精神的作品，特别在工业产品中更会遇到"。他分别以轮船、飞机和汽车为例来说明新精神的表现："如果我们暂时忘记了轮船是一种运输的机器，而用一种新的观点去看它，我们就会感觉到一个大胆的、严肃的、协调的美，一个安静的、有生命力的、强健的美。""研究（汽车）这种穿越移动的规律就定出了新的标准。这个标准是按照两个不同目的而推导出来的：一是速度，二是舒适。"柯布西埃由此总结出一种新的设计理念："我们需要聪明而冷静的人来建造房子和规划城市。""平面是由内到外开始的，外部是内部的结果。"柯布西埃无条件拥护机械化标准大生产，他说："房子就是住人的机器。"他之所以把房子说成机器，首先是由住人这个功能所决定的，并应该纳入大规模机械化生产。他赞美几何形体之美："按公式工作的工程师使用几何形体，用几何学来满足我们的眼睛，用数学来满足我们的理智，他们的工作简直就是良好的艺术。"同时，他还强调造型的重要性，"轮廓线是纯粹的精神的创造。"柯布西耶强调机器美学，高度赞扬飞机、汽车和轮船等新科技结晶，认为这些产品的外形设计不受任何传统式样的约束，完全是按照新的功能要求而设计，它们只受到经济因素的约束，因而，更加具有合理性。因此，通过强调机器的重要性，柯布西耶成为机器美学理论的奠基人，他认为任何一件新设计出来的产品从某种意义上讲都是一种机器。在具体产品设计上，柯布西耶则重视以几何

---

❶ 功能主义是一种持续了两百年的哲学思想，早在18世纪就已出现。在最简单的意义上，功能主义认为一件物品或建筑物的美和价值是取决于它对于其目的的适应性。功能主义最有影响的是"形式追随功能"。强调功能对于形式的作用。理性主义是以严格的理性思考取代感性冲动，以科学的、客观的分析为基础来进行设计，尽可能减少设计中的个人意识，从而提高产品的效率和经济性。

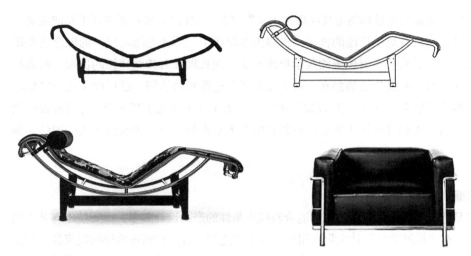

图 2-4　柯布西耶躺椅（Chaise Longue）

计算与数学计算为产品设计的出发点，不仅使产品具有更高的科学性与理性特性，同时在产品设计上体现了技术的原则。例如，柯布西耶于 1929 年设计的称柯布西埃钢管椅（图 2-4），由悬空的钢管组成，椅架完全符合人体的曲线，表现出设计师从功能主义出发的设计原则。这款钢管结构躺椅充满了现代主义气息，将金属、皮革这两种至刚至柔的材料完美结合在一起，形成鲜明对比，至今仍在生产使用。而他的另一款立方体几何形的钢管椅，也是产品艺术创意的经典之作。

2.2　审美化生活下创作主体的创作动机

2.2.1　产品艺术创意中创作动机的本质

创作一直是一种充满神秘色彩的现象，按照文艺心理学理论的说法，创作动机是指推动创作主体进行创作以达到一定目的的驱动力量。在产品艺术创意过程中创作动机贯穿始终，它既是创意的源起，规定和引导着创意的方向，也是创意的终结，促使创意达到预期的目的。正因为有了创作动机，才有了产品艺术创意的产生。首先，产品艺术创意中的创作动机是一种内部刺激，它来自于人们日常生活的某种需要，是艺术家进行创作的直接原因；其次，创作动机为艺术家提供创作目标和持续不断的审美情感力量；最后，创作动机使艺术家明确自己行为的意义，并驱使着艺术家将其实现和完成。由于创作动机对于产品艺术创意具有十分重要的意义，所以对创作动机的研究至关重要。

在审美关照下产品创作主体的创作动机是驱动创作主体进行产品艺术创作的一种强烈情感动力，或者说是表现创作主体审美情感的一种强烈愿望。由此可见，审美情感是产品创作动机的主导要素，只有审美情感才能成为驱动产品创作的动因。产品创作主体在一定审美理想的指引下，对其进行审美观照，将自然情感通过转化、提升成为审美情感，从而实现艺术对人生的审美超越，使产品创作从生活真实跃入艺术真实。但是，产品艺术创意中创作动机的产生，是一个长时间酝酿和不断积累的过程，人生阅历的增加、长期观察的内化、人们经验的记忆、艺术修为的加强等这一切都被置放和聚集于产品创作主体动态的审美心理结构系统之中，以其经验性与实践性相互作用的情况下，逐渐形成的创作动机，这也是产品创作动机产生的客观必然性。

2.2.2 创作动机来自人们日常生活的某种需要与生活体验

在艺术创意中，创意既是一个名词，又是一个动词，在各个领域中也都会应用到创意，创造出创意的东西，或理论、或物化的事物，或是一个创意型人才。在韦伯斯特字典中对于"创意"的解释为在原创工作的基础上显示其能力（"Creative": have or showing the power to produce original work）。在辞海中对于"创意"的解释为"创"即创新、创造、创作。"意"即意识、观念、智慧、思维。创意起源于人类的创造力、技能和才华，创意来源于社会又指导着社会的发展。人类是创意、创造的产物。亦作"刱意"，谓创立新意。汉代王充在其《论衡·超奇》中描述："孔子得史记以作《春秋》，及其立义创意，褒贬赏诛，不复因史记者，眇思自出于胸中也。"宋代程大昌的《演繁露·纳粟拜爵》中写道："秦始皇四年，令民纳粟千石拜爵一级，按此即晁错之所祖效，非错刱意也。"而王国维在《人间词话》中也提到了创意："美成深远之致不欧秦，唯言情体物，穷极工巧，故不失为第一流之作者。但恨创调之才多，创意之才少耳。"近代的郭沫若在《鼎》一文中则描述道："文学家在自己作品的创意和风格上，应该充分地表现出自己的个性。"由此可见，从古至今，创意均作为事物考量的重要标准以及权衡成败的关键性因素之一。

人类学研究表明人类的进化亦是如此，从类人猿到人的转变过程中（图2-5），人类曾经经历了一个使用天然木石工具的过程，当发现天然木石工具不能满足需求，类人猿首先想到了造石器，然后才动手把石器造出来，改造了他们维持生存的生活方式，而石

图 2-5　类人猿变成人的过程　　　　　　　　　　　　图 2-6　人类最早的
产品——石器

器一旦造出来类人猿就变成了人,这种石器❶便是人类最早的产品(图 2-6)。从人类的诞生开始,这种产生改造或重新制造石器的欲望从未改变,当他们动手制造时,设计和文化便随着造物而产生了,那么"创意"也就左右着人类的发展。人类每一次技术、工具的发明都是一次巨大的创意革命。如新石器时期,陶器的发明标志着人类开始通过化学的变化改变材料特性的创造性活动,也标志着人类手工艺设计阶段的开端。人类是在创意、创新中诞生的,同样也在创意、创新中发展。石器的产生,它来自于人们日常生活的某种需要,是人们进行创造的直接原因。

　　产品艺术创意的创作动机除了来自人们日常生活的某种需要之外,往往也来源于设计师以往的生活体验。例如,苹果公司的 iPod 老少皆知,在青蛙(Frog)设计公司,所有产品设计的客户都指名要求要"iPod 的质感",是因为"它看起来很干净"。大家认为 iPod 很干净,是因为它参考的是卫浴设备的设计!iPod 的设计师 Jonathan Ive,在到苹果公司之前是在伦敦的一家设计公司从事卫浴产品设计,对卫浴产品有体验。设计师把这种体验又转移到了 iPod 上。阿莱西公司最经典最具代表性的产品之一——飞利浦·斯塔克设计的"Juicy Salif"榨汁机也称"外星人柠檬榨汁机",其造型由三只细细长长的脚组成,银色的外衣使其看起来像外太空不速之客,"外星人"绰号也缘由于此(图 2-7)。设计师在一顿乌贼午餐之后,在沾满油脂的餐巾纸上勾勒出章鱼的造型,即成为了榨汁机的原型。由此表明,设计师创意来源与其切身的生活体验息息相关。

---

❶　在坦桑尼亚发现的世界上最早的石器,距今 300 万年至 50 万年,人类早期使用的石器一般是打制成形的,较为粗糙,体现了一定程度的标准化,已表明了原始人类对于石料的特点以及打制成形方法的清楚认识。通常称打制石器时代为"旧石器时代"。

图 2-7 飞利浦·斯塔克设计的"Juicy Salif"榨汁机

2.2.3 产品艺术创意中创作动机源于灵感

（1）艺术创作与灵感

在西方美学史上，柏拉图第一次系统地阐述了"艺术灵感"这个概念：第一，在艺术创作需要天才还是技艺的问题上，他强调天才，否定技艺。第二，当灵感达到高潮时，艺术家会失去平常理智，进入迷狂状态。第三，凭灵感的艺术创作具有极强的感染力。柏拉图的艺术灵感论对美学具有重要意义。艺术灵感论把主体的作用提到首位，它成为浪漫主义创作的理论基础，浪漫主义运动提出的"天才""情感"和"想象"三大口号就来源于艺术灵感论。灵感的两个重要特征是：它突如其来，它是不由自主的。创意来源于人的直觉和灵感。而产品艺术创意来源于"艺术灵感"。那么，艺术家的创作灵感大部分是从传统艺术的创新中获得的，灵感的触发源可分为外激式和内激式两大类。外激式有：原型启示、形象感悟、情景触动、思想点化、传说感发、书本打动；内激式有：显意识的冲动、无意识的遐想、潜意识的激发、梦的催生。例如，铁凝看塞尚的油画《大浴女》，而萌生创作长篇小说《大浴女》的念头；现代派绘画大师毕加索的《亚威农少女》是受非洲原始艺术影响而作，画中狞恶的面孔来自非洲土人面具和文身的形象，三角状的分割形式甚至是对非洲原始艺术的仿效。挪威画家蒙克则在很大程度上受到南美洲原始部落文化的影响，其代表作《站在藤椅子旁的裸妇》，运用起伏、波动、流畅的曲线，画出一位可能是在追求不健康情欲的女性，暗示着一种悲悯的欲望和直白的性情，画面中令人恐惧的气氛和灵魂的振荡是南美洲原始部落文化艺术中经常能见到的，这些创作属于外激式灵感。又如，弗洛伊德在其著作《作家与白日梦》中分析达·芬奇的名画《蒙娜丽莎》是达芬奇童年时被迫离开了亲生的母亲，这就在他心中深埋下"恋母情结"。现实的蒙娜丽莎的微笑唤醒了成年的达·芬奇对他童年早期的母亲的记忆，《蒙娜丽莎》一画实际上就是达·芬奇"恋母情结"转移的"白日梦"式幻象的升华，是这一情结的替代性、补偿性的满足。这种因为白日梦而获得了创作的契机，属于内激式灵感。无论哪种灵感，都应使创作动机有新的发现和进一步的融通。

（2）产品艺术创意中的灵感创作

产品艺术创意中"创意"是指逻辑思维、发散思维、系统思维、形象思维、逆向思维及直觉、灵感等多种认知方式综合运用的结果。产品艺术创意是对现有产品设计的突破，这种创意与人的观念和意识有关。在这些思维中产品艺术创意则更重视直觉和灵感，因为许多产品艺术创意都来源于此。人们一般认为，科学是以逻辑思维为主要特征进行创造，而艺术创作是多以形象思维为主要特征。实际上，在科学创造和艺术创作中，都需要灵感思维作为催化剂辅助逻辑思维与形象思维协调进行。在产品艺术创意中，所谓的灵感是指产品的创造者在孜孜不倦的产品创造研发活动中达到创造力巨大高涨时所处的一种心理状态，是一种普遍现象。

产品艺术创意提倡在产品造型时，采用多角度的思维方式，从而使产品的形态创新能够多样化，这样能够在一定程度上为设计师进行产品创意时产生创造性思维提供有效的方法。取得这种创造性方法的途径一般指产品的功能组合与产品形态创新两方面内容。尤其在电子产品、汽车产品、家用电器产品等领域中，产品的形态创新则更为重要。一般来说，设计师习惯用逻辑思维的方法对产品形态进行设计，不习惯用形象思维来启迪创造性灵感，导致自己丰富的想象力被一些约束条件所湮没，因此设计出的产品形态很难摆脱传统模式的束缚，致使许多产品设计模仿多于创新、共性湮没个性，缺乏市场竞争力和时代感。设计师在产品艺术创意过程中的成功率与其灵感思维有密切关系，而思维的灵感则与设计师的智力因素有直接关系。根据现代心理学家研究，人的智力因素主要包括五方面：丰富的想象力、较强的记忆力、良好的观察力、敏捷的思维力及熟练操作的动手能力。因此，就产品艺术创意而言，相对于其他学科则更强调设计师熟练操作的动手能力，即能够把通过自己观察、想象所得的物像通过计算机软件、手绘、速写的方法迅速记录下来，在不断想象、观察、修改的基础上完成产品形态艺术创意的工作。

（3）产品艺术创意中的灵感创作案例分析

荷兰风格派[1]是从 1918 年到 1928 年由荷兰一些画家、设计师和建筑师组织起来的一个团体。在设计中，他们把几何形式与新兴的机器生产联系乃至等同起来，追求那种来自于机械的严谨与精确，由此最终确立一种新的造型观和新的美学，一切以这种新的美学为出发点。值得颂扬的是，风格派艺术家们始终努力更新生活与艺术的联系，把创造新的视觉风格和艺术新形式的目的确定在创造一种新的生活方式之上。他们把传统的家具、建筑、产品设计、绘画和雕塑的特征完全剥去，完成最简单的集合结构单体，用这些集合结构单体形成简单的结构组合，而单体依然保持相对的独立性和鲜明的可视性。在设计中非常特别地反复连用纵横几何结构、基本原色和中性色，试图用最简单的集合语言来创造新的视觉形象，造成一种冷静、严肃的气氛。这种简洁的几何形，与新艺术运动的装饰风格形成对比，已表现出典型的现代设计特点。风格派主要代表人物蒙德里安 1920 年创作的《红·黄·蓝》油画，以最简单的纵横线结构和单纯的三原色，成为风格派"用纯粹几何形的抽象来表现纯粹的精神"的最好诠释。除此之外，里特维尔德是将风格派艺术从平面延伸到立体空间的一个重要的艺术家。是风格派最具影响的实干家之一，他将风格派艺术的追求通过设计一系列实用性的实物来体现。他创造出了诸如家具、建筑等优美而又具功能性的作品。其中《红蓝椅》（图 2-8）成为新世纪现代艺术史和现代设计史上最富创造性和经典性的作品。这些作品以其完美和简洁的造物形态，完整地反映了风格派艺术运动的哲学精神和美学追求，同时表明，抽象的艺术理念通过设计能够产生出杰出的作品。里特维尔德说"结构应服务于构件间的协调，以保证各个构件的独立与完整，这样整体就可以自由和清晰地竖立在空间中，形式就能从材料中抽象出来"。著名作品《红蓝椅》，其构思就直接取自蒙德里安的《红·黄·蓝构图》。《红蓝椅》由机制木条和层积板构成，13 根木条相互垂直，其中 7 条横栏与 6 根立柱由暗榫紧紧地连在一起，形成椅子的空间结构，各结构间用螺丝紧固而不用传统的榫接方式，以防结构受到破坏。椅子的坐垫为蓝色，靠背则为红色，木条全漆成黑色，木条的端面漆成黄色，黄色意味着断面，是连续延伸的构建中的一个片段，以引起人的联想，即把木条看成一个整体，这把椅子以最简洁的造型语言和色彩，表达了深刻的造型观念。椅子的造型来自美国建筑师弗兰克·劳埃德·赖特和丹麦设计师 H·P·柏拉格的"将板状因素融入椅子设

---

[1] 风格派追求和建树突出表现在以下三方面：一是以新的造型观念从事设计，尽量排除家具、器物设计中的传统形式特征，使其成为最简单、抽象的几何结构元素的组合；二是坚持追求这些几何元素、结构的独立性和可视性，用设计的方法创造可视的、可用的形象；三是重视和运用数字的抽象概念和空间结构，运用单纯的三原色和中性色。

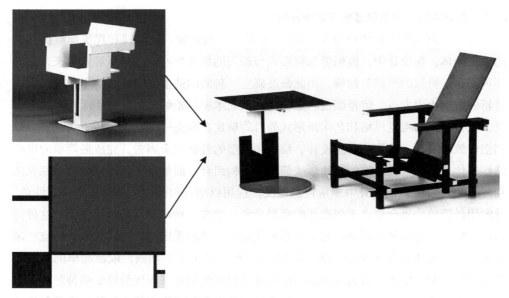

图 2-8 里特维尔德设计的《红蓝椅》创意来源

计"的观念。作为椅子,虽然坐起来并不舒服,但其有坐的功能,它又如同一件雕塑作品,具有很强的表现性;简单的结构和标准化的构建,是批量生产的语义之一;而从未有过的现代形式,不仅消除了与任何传统椅子形式上的联系,而且形成了独一无二的现代新形式。这一形式成为现代主义设计的形式宣言,是现代主义在形式探索上的一个伟大创造和里程碑式的杰出作品,也是"抽象的艺术与工业化相结合的产物",成为一种宣扬其设计主张的载体。

2.3 全球化冲击下创作主体审美理念

2.3.1 创作主体审美理念中的产品设计新趋势

(1) 产品设计理念的转型

时代在变迁,审美在转型,19世纪末20世纪初的科学技术、心理学、哲学的发展直接影响着西方艺术的形态。西方现代艺术从印象主义开始，经历了从理性主义走向非理性主义的过渡，到了后现代主义时期，一部分知识分子开始感到迷惘和危机感，他们认为应该抛弃形式主义的艺术决定论，代之以创作上的彻底自由主义，也就构成了与之相适应的现代审美主义。产品要适应时代要求不断创新进取而体现出来时代因缘。在任何时代、任何社会，科学技术与生产力水平的进步与发展，促成了设计表现形式及特征的更替。工业产品尽管具有一脉相承的传承特点，但其在不同年代由于设计赖以产生的物质基础与上层建筑的变化，促成了产品设计的时代特征，形成了产品设计的时代因缘。

在旧的工业社会中，"功能主义理性观"总是占主导，而在当今的消费文化中，人们的审美价值发生了翻天覆地的变化：大众消费已从目标消费转变为兴趣消费，消费者把产品的消费当成"艺术美"的享受，甚至可以从审美和视觉愉悦方面介入流行时尚，以往看似平常和次要的问题都可设定为重要因素。"日常生活审美化""消费主义的兴起""艺术化生存"使设计向艺术靠拢，从而造成了"功能"这一概念失去了统一性。创作主体审美理念中的产品设计新趋势表明，在复杂的设计系统中，产品不再是一种具有固定功能或性质的东西，而是一些具有创新价值和无法预料的功能或性质的产品不断出现，这为产品艺术创意提供更大的舞台和发展机会。

（2）产品美学基础

作为社会的人，通常对产品不仅有物质功能的需要，更有审美情感的诉求。在现代工业产品中，单纯的技术成果往往不具备形式的审美性，这就要通过产品艺术设计来实现。但是，这种形式美的创造并不脱离产品本身的内在品质和功能。相反，产品艺术设计正是调整产品的内在品质，使其趋于一致。作为特有意识形态的产品艺术，在创作中除对产品构想创意外，更是一种美的创造过程。艺术美的创造在产品艺术设计中的重要性是不言而喻的。

产品具有形式美与技术美两个特征，形式美指产品以其外在的感性形式所呈现的美，由于其外在性，人们易于感受与接受因而具有具象性。技术美是指产品以其内在结构的和谐、秩序而呈现的美，是通过结构关系等多方面内在因素所显现出的美，不易被人感知，因而具有一定抽象性。但是，无论是外在的形式美，还是内在的技术美，两者是互相连通的，内在的技术美可以通过外在的形式美显现出来，人们通过对外在要素的认识而理解到美的内在要素。在产品艺术创意中，只有把这两方面的要素有机地结合起来，才能达到产品真正的美。

2.3.2 以情为美

(1) 艺术表现人类情感符号

在艺术符号论中,艺术作为情感传递的语言,使产品情感化设计以人的精神需求为设计的出发点,在产品实用功能的基础上强调使用者的情感体验,它跨越了物质与精神之间的界线,把人对情感的需求完全融入到产品的设计之中,同样也丰富与美化了人们的日常生活。著名美学家、哲学家苏珊·格朗在其著作《情感与形式》中提出,对于我们情感生活的表现而言,艺术作为一种抽象的、直觉的或是表象的象征发挥了文字难以发挥的作用,艺术品则以某种方式用来捕捉进而清晰地表达了我们情感体会的某些方面,然而这些体会难以用文字来描述与形容。因此,艺术传达了一般语言符号所无法传达的情感,是对被逻辑符号所忽视的人们的生命感受和感性生活的一种拯救。苏珊用"艺术表现人类情感符号"的理论构建了一个以象征性联系为基础的美学体系,在当代艺术设计中具有重要意义。现代大工业机械化生产出与人们日常生活消费息息相关的工业产品,这些产品已不单单地从功能上满足于人们的日常生活需求,人们所孜孜以求的艺术化、理想化的造物方式与生活方式,由不自觉走向自觉,人们由追求物质需要为主到追求精神享受为主,因此,产品已经成为人们生活中不可或缺的审美需求。

(2) 产品艺术创意中情感化设计的产生

现代高科技的发展带动了人类情感的变化,引起了人们价值观念的转变。它既体现在人对产品的形态、功能、操作等方面,要求产品与人们保持亲和力,又对机械化大规模生产出的"均质性"产品很难体现个性的差异和自我存在的意识表达出逆反心理。因此,以情为美的人性化情感化设计变得尤为重要,设计师关注人类情感、尊重人类个性的人性化设计、情感化设计成为产品艺术创意的核心,时代要求设计师在高科技、快节奏的竞争中为人们创造出更多物质财富的同时,也让产品带给人们更多的亲情、自然与温馨。

——— Q4 ———
何为人性化设计?

所谓产品的情感化设计是指在产品具有使用功能的基础上,赋予产品一定的情感内涵,使之与消费者的情感形成共鸣,从而建立良好的消费者态度。唐·诺曼从以人为本的理念出发探索人与自然、人与技术、产品使用与情感体验之间的关系,以此来提出产品情感化设计。他认为情感化设计是从人的情感体验的激发入手,从心理学的角度切入产品设计的核心。情感化设计的产品能够更好地契合和传达使用者的修养、兴趣、人生观、价值观、审美观等信息。因此,情感化设计是以激发人们的情绪、情感等心理或精神活动为目的,在产品艺术创意中更强调使用者的情感体验。

(3)产品艺术创意中情感化设计案例分析

产品的情感化设计与20世纪前半叶的功能主义和国际主义过于注重产品功能而形成鲜明的对比。例如,德国青蛙公司提出的"形式追随激情"的设计口号,在其设计中既保持了乌尔姆设计学院和布劳恩公司的严谨和简练,又带有后现代主义的怪诞、新奇、活泼的特点,因此青蛙公司的许多产品设计都有一种欢快、幽默的情调。如今,现代家具的设计方向朝着先进的技术、美观的样式、舒适的使用为原则的模式化方式发展,但是北欧家具的设计思维与众不同,成为现代家具设计的典范。由于地貌及气候原因,北欧冬季漫长,气温较低,夏季短促凉爽。其人口密度相对较低,经济水平高,生活富足,北欧各国对于"家"的概念更加重视,对"家"的环境与氛围也更加关注。因此,在家具产品形态上摒弃了那些近乎刻板与过于理性的几何造型,使产品的平面和棱角转变为"S"一样的波浪线或曲线,从而形成了一种特殊的"有机"的形态。这一形态无论是在心理上还是在视觉上,皆具有浓郁的人情意味,易于为人们所接受。芬兰著名设计师阿尔瓦·阿尔托的设计便很好地体现了这一点,与国际式风格规则的直线和方盒子不同,他设计的Z型椅和甘蓝叶玻璃器皿(图2-9),采用有机的曲线和曲面柔化了直线与几何形体的冷漠感觉,具有人情味与动态美,使产品具有动感,与人的内心能够产生共鸣。因此,北欧的产品设计传达了一种人情味、传递了一种家的情怀,并非单纯追求产品视觉上的美感,而是强调产品对人们心理的寄托与抚慰,这正是它的产品创意所在。

图2-9 阿尔托设计的Z型椅和甘蓝叶玻璃器皿

2.3.3 以自然生态为美

（1）全球化冲击下的环境问题

当今社会，人们的生活方式与生活环境加速了人类资源的消耗，对地球的生态平衡也造成严重的威胁。"天人合一"的思想是中华民族五千年来的思想核心与精神实质，它强调了人与自然的辩证统一关系，从人与自然和谐相处、共生共存的哲学角度来考虑产品艺术设计，从而促使"天人合一"的思想与生态设计理念对现代产品艺术创意产生影响和帮助，对社会可持续发展做贡献。现代社会，人们生活和工作压力大，喧嚣的城市生活让更多的人向往大自然的原生态生活，希望能眷顾自然、回归自然、融入自然，能够轻松随意且顺乎本性地居家度日。

（2）产品艺术创意中自然生态美的设计

现代工业产品设计以自然为基调，大多从动物、植物等大自然形态中抽象概括取得创意灵感，从三维形态设计入手，对传统的"点、线、面、体"空间进行抽象形态设计从而进行空间转换，即把"点、线、面、体"自然形态转换为装饰形象再进一步转化为人工形态。对于没有经过提炼与加工的自然原始形态，是抽象形态的变化基础，在这个基础上设计师运用变形夸张的手法将其转换成装饰形象，进而将装饰形象简化提炼得出抽象形态。抽象形态的运用很重要，因为自然形态即植物、动物等外部造型如果不经过提炼与简化直接应用到产品上去的话，不能使产品的使用空间符合人体工程学或空气动力学的要求。有些设计师为了克服功能主义对几何形态的极端偏好，则以和缓舒畅而接近于自然的形态来消解人为造型的不自然之感，大自然成了他们无限想象力的场所。例如在北欧地区森林覆盖面积较大，木材丰富，家具设计能够充分展现其潜藏于材质本身的美感，对材质、自然的尊重，使家具产品具有强烈的自然亲和力。这些产品的形式来源于自然却高于自然，为产品艺术设计注入了永恒之美。如在产品艺术创意中，阿尔托的甘蓝叶花瓶本来是阿尔托为他负责赫尔辛基甘蓝叶餐厅的室内装修设计所做的装饰品之一，其设计趣味来自随意而有机的波浪曲线轮廓，完全打破了传统的对称玻璃器皿的设计标准。其波浪曲线轮廓造型的创意灵感来源于芬兰大自然中星罗棋布的湖泊造型，将这种流畅而不规则的曲线运用在玻璃器皿之上，其创意不但别出心裁，而且承载着引人回归自然的哲学内涵，这也是它一直热卖七十年的根本原因。

因此，人们在注重产品的功能性及人性化情感享受的同时，也不能忽视随着工业科学技术的发展引发的生态环境的严重破坏及资源、能源上的过度消耗，并对地球的生态平衡造成极大的损害，这是我们亟待解决的问题。产品艺术创意发展观就是倡导产品设计不能仅屈从于商业经济目的，而应放眼未来为长远利益作打算，从而考虑到人与自然的生态平衡关系，在产品设计过程的每一步充分考虑到环境效益，减少对生态环境的破坏。在设计形式美上不过分强调产品外观形式上的标新立异、材料的堆砌及奢华色彩的使用，而将重点放在产品的创新上，创造出简洁而又有意味的产品形式，满足产品使用与审美的高度统一。

2.3.4　以简为美

（1）简约主义的内涵

简约并不简单，简约是一种理念、一种风格、一种心情，同时也是一种美德、一种美学。在"日常生活审美化"中，以简为美是在产品设计中摒弃烦琐，强调精粹，崇尚简单。一方面，在提倡绿色设计和低碳环保的当今，极简主义的设计风格似乎更加顺应了设计的可持续发展原则；另一方面，人们在日益繁忙的都市生活中，渴望一个以简洁、纯净来调节自身精神的空间，从而摆脱繁冗复杂的世界，追求内心的那份简单、恬淡的生活。简约设计以简洁明快的表现形式来满足人们对现代社会那种感性的、本能的和理性的需求。随着人们生活节奏的加快，消费者似乎越来越青睐于简约的设计。因此，简约设计是以简单明快的表现形式来满足人们对现代社会那种感性的、本能的和理性的需求。

——— Q5 ———
何为极简主义？

（2）简约主义的产生

简约主义的设计风格是在现代主义运动与建筑大师密斯·凡·德罗"less is more"（少即是多）的影响下产生的。他认为少就是任何多余的东西都不要。到了 80 年代末期后，艺术界中所发展的极简美学也让简约主义由一个另类的风格进入设计主流，最终简约也成为一种国际性的设计语言。产品设计是为人服务，一切不利于人使用和操作的因素在产品设计中都将被摒弃。我们将利于人使用的诸多因素组成一个集合，将满足功能、简化工艺、适合环境、经济低廉等诸因素又形成一个集合。取两者的交集，既能够满足人的使用功能，又能兼顾其他条件的因素集，简约的因素也正出自于此。出身于德国乌尔姆高等设计学院的设计大师米罗就旗帜鲜明地反对如同"美容师"般的设计师，他否定了一个已经制作好的技术装置，再转交给设计师做外观的修饰工作，这种方法是极不可取的。他认为繁缛华丽的设计不仅无益于产品的价值提升，反而会产生画蛇添足的效果，成为产品设计的败笔。米罗在产品设计中一直贯彻产品适应人，而不是人适应产品

图 2-10　密斯·凡·德罗设计的巴塞罗那椅

的观点。时代在发展，设计的价值观随着人们的价值观的改变也在变化。在满足人们日常生活需要的同时，设计也逐渐开始满足人们的心理需求。产品设计应该是健康的、积极的、向上的，而不是人类破坏自己生态和生活环境的产物。在产品设计过程中，我们应该考虑到这个产品从前期使用到后期销毁对人类生态环境所产生的影响。

（3）产品艺术创意中以简约为美的应用

在产品艺术创意中的极简主义，以追求极致简单的设计风格，更多地受密斯的设计思想的直接影响。他为巴塞罗那世博会设计的巴塞罗那椅被誉为"悬桁构造设计中最美的椅子"（图 2-10）。这架遵循极简主义的优美 X 形椅腿，具有非常简洁的几何外形，体量较轻，钢管特有的颜色与质地赋予钢管椅现代、时尚的气质，使椅子的形态和功能有了巨大的变革，成为家具产品艺术创意中世界经典之作。由此表明，产品的艺术创意设计可以至简，而不能被忽视与省略，在产品艺术创意中如果没有精良的设计，就无法产生优良的产品。在以华丽、复杂为美的时代，极简主义却能够反其道追求素材与功能本身所传递的美感，通过对产品造型的抽象提取以及对元素的删减，使色彩、外形、材质等表现形式简单而凝练。

综上所述，产品艺术创意除了以情为美、以自然生态为美、以简为美之外，还有一些以古典主义为美的设计风格等。因此，无论是产生于 20 世纪 20 年代的艺术装饰风格，产生于 20 世纪 60 年代的波普风格、高技术风格，还是产生于 20 世纪 80 年代的简约主义风格，无不带着不同区域的消费观念和大众审美流行与发展的痕迹。正是世界各国文化、艺术、社会融合的复杂性，促使了设计多元化的形成和发展，产品艺术创意在设计风格和流派的形成和发展中起着举足轻重的作用。

第 3 章

产品艺术创意的形式创新

3.1 产品形式创新开发与策划

传统的工业设计遵循"形式追随功能"的设计原则。在重视功能的前提下,设计师过于强调技术条件的满足而忽视了形态在产品设计中的地位,最终导致产品形态缺乏生命力。在产品艺术创意中,产品形式的创新作为产品的一种重要的外在表现形式,将产品的结构、材料、功能等要素有机组织起来,给人以一种整体的视觉感受。因此,产品的形式创新始终贯穿着产品艺术创意的整个过程。通过外观形态创新可以为产品注入深层的文化内涵、拓展产品设计内容和设计理论体系。只有合理地开发与运用设计方法,把握现代科技发展信息,才能使设计的产品形态满足大众的审美需求。除使产品具有新颖独特的外观形态外,还要让产品的形态成为当代社会、科技、文化、艺术等信息为一体的载体。

3.1.1 产品形式创新内容

(1) 造型创新是形式创新的主要内容

"形式"是指事物内在要素的结构或表现方式,也是古希腊亚里士多德和中世纪哲学曾使用过的哲学概念。弗朗西斯·培根沿用它并赋予新的内容,他在 1605 年的《新工具论》中明确指出,形式是事物的内在结构或规律。那么产品形式是指核心产品借以实现的途径,包括产品的品质、式样、特征、商标及包装，即向市场提供的实体和劳务的外观。例如，对于剧院来说，则指其是一个包含有很多座椅及放映设施的建筑物；对于洗衣机，其形式产品就是其产品质量、外观式样、品牌名称和包装。在产品艺术创意的语境下，产品形式创新主要是对产品内在功能、原理、布局、形态、结构、人机工程、色彩、材质、工艺等任何一方面的产品造型进行创意研究。通过产品艺术形式创新，使产品外在视觉形态更好地反映产品内部构造，具有明确的产品视觉形象与象征意义的产品形态设计，使人机界面简单易操作，产品功能明晰化，从而传达给使用者更多的文化内涵，满足消费者的个性化需求，达到"人—机—环境"的和谐统一。

（2）产品的造型创新包括产品的形态与功能创新

产品的造型要素包括产品主体形态、材料、颜色、肌理、表面图案。在20世纪设计词典中，产品造型要素被概括为：形状、色彩、肌理、装饰等物理特征。产品造型方式是产品形式创新的重要方面。产品艺术创意在产品造型设计中，指产品形态创新与产品功能组合创新两方面内容。其中，产品形态创新的多样化，能够在一定程度上为工程技术人员产生创造性思维提供有效的方法。例如在汽车产品、家用电器产品行业中，形态创新则更为重要，主要包括产品的结构、材料及颜色的创新，其中产品材料的创新能够衍化出产品颜色的创新，两者是相辅相成的。在当今大众文化消费时代，面对琳琅满目的商品消费者在进行选购时，首先是通过产品的外观形态所传达的信息初步核定该产品是否符合自己的喜好，然后再进一步通过测试该产品的功能来判断其性能的优劣，从而做出购买的决定。因此，产品的功能并不是消费者唯一的选择目标。而产品的形态创新往往更能打动消费者的审美需求，符合消费者的价值取向。

3.1.2 产品形态创新本质

产品艺术创意过程是一个创造的过程，设计师在进行产品艺术创意过程中，其创意思想最终要转化成产品的物质形态，然而在这种转化过程中产品形态的实现及其成型效果，又常常受到产品工程材料、结构、表面加工和生产条件等客观环境的制约。要使产品艺术创意不落俗套、不千篇一律，就需要有科学有效的创新思维方法，可以从以下几方面进行思考。

（1）产品结构的创新设计

产品结构是产品构成完整形态的具体手段，结构的创新设计不仅包括整体结构的创新设计还包括局部结构的调整和创新设计。产品结构的创新设计不但能优化产品的使用性能还能改善产品制造的工艺，最终能最大限度地改变产品的形态，是产品形态设计的重要来源，也是产品形式创新的不可缺少的核心内容。

① 新艺术运动带来了产品结构的创新

工艺美术运动中，新技术带来了机械化大生产下产品材料的创新。而对于产品结构设计的创新是多方面的因素综合作用的结果；是工艺水平技术方面进步的结果；是在特定的历史文化背景下所致；是大众文化趣味趋向所引起的。到了新艺术运动时由于几何的简洁结构有助于大批量机械化生产，因此带来了产品形式方面的创新。新艺术运动 (Art Nouveau) 是流行于 19 世纪末和 20 世纪初的一种建筑、美术及实用艺术的风格。"新艺术"一词为法文词，法国、荷兰、比利时、西班牙、意大利等以此命名，而德国则称之为"青年风格"（Jugendstil），奥地利的维也纳称它为"分离派"（Seccessionist），斯堪的纳维亚各国则称之为"工艺美术运动"。处在新旧世纪交替之际的新艺术运动，也是设计从传统形态向现代形态转变的历史特殊时期，其动机表现在两方面：一是抛弃旧有风格的元素，创造出具有青春生命活力和现代感的新风格运动：与已有的设计风格尤其是 19 世纪弥漫于整个欧洲的维多利亚风格相决裂、反对模仿传统风格、打破旧传统形式的束缚，从而创造出适合于时代的新风格；二是反对因循守旧的设计手法。新艺术运动的风格是多种多样的。如在欧洲的不同国家，拥有不同的风格特点，以至于名称也不尽相同。从风格特点等方面，法国、比利时、西班牙的新艺术作品则比较偏向于艺术型，强调一种形式美感，要求从自然界尤其是从植物的形态中汲取设计素材，倡导一种蜿蜒的曲线风格特点，最为典型的纹样几乎全是从自然草木中抽象出来的，流动的形态和蜿蜒的线条，充满了内在的生命活力，体现出蕴含于自然生命表面形式之中的无休无止的创造过程，进而影响到绘画、建筑、雕塑、装帧、家具、日用品等艺术领域。这是受英国的工艺美术运动中莫里斯的影响，在工艺美术运动中他强调装饰与结构因素的一致和协调，为此抛弃了被动地依附于已有结构的传统装饰纹样，而极力主张采用自然主题的装饰，开创了从自然形式、流畅的线型花纹和植物形态中进行提炼的方法。新艺术运动的设计师们则把这一过程推向了极致，德国、奥地利和斯堪的纳维亚各国则偏向于设计型，着重强调理性的结构及功能美。从设计而言艺术运动是一个注重产品设计形式的运动，对产品艺术创意产生了深远的影响。促成新艺术运动发生及发展的因素是多方面的：首先是社会因素，自普法战争之后，欧洲处于一个较长时间的和平时期，政治和经济形势趋于稳定。对于一些新近独立或统一的国家力图跻身于世界民族之林，并打入竞争激烈的国际市场，这就需要一种全新的、非传统的艺术表现形式。而在文化因素上，所谓"整体艺术"❶的哲学思想在艺术家中甚为流行，他们致力于将视觉艺术的各个方面，其中包括绘画、雕塑、建筑、平面设计及手工艺等与自然形式融为一体。那么，"新艺术运动"承认机器生产的必要性，主张其技术与艺术相结合，注意产品内部的合理结构，直观地表现出工艺过程和材料。它以打破建筑和工艺上的古典主义传统形式为目标，强调曲线美和装饰美。因此，新艺术运动对产品艺术创意发展的影响是巨大的。

② 产品结构创新的案例分析

查理斯·瑞尼·马金托什❷（Charles R. Mackintosh，1868—1928）是英国格拉斯哥一位建筑师和设计师。他的早期活动深受莫里斯的影响，具有工艺美术运动的特点。1903年马金托什为出版商沃特·W·布莱克在苏格兰海博格（地名）"山宅"的设计全无自然主义，只注重功能性和精确性。他为布莱克的卧房设计的几何型高背椅（图3-1），显示了马金托什作品中前卫与保守的统一：方格型造型是英国传统的梯背椅与美国19世纪90年代弗兰克·劳埃德·莱特夸张的椅背高度相结合的产物。因此被称为高直的风格，在产品中体现一种高直、清瘦的茎状垂直的线条，传递出植物生长垂直向上的活力。椅子的材料选用黑檀色的橡树与纺织品。设计吸收了凯尔特人和日本人的装饰审美观。但是他所设计的著名的椅子一般坐起来都很不舒服，并常常暴露出实际结构的缺陷，为了缓和刻板的几何形式，他常常在油漆的家具上绘出几枝程式化了的红玫瑰花饰。在这一点上，他与工艺美术运动的传统相距甚远。由此可见，往往设计师对于形式的创新会严重影响到产品的结构与功能。

现代设计师设计出的作品，如伞形衣架设计，它的骨骼结构类似于生活中普通的雨伞造型，可以自由地舒展和收缩，顶端还能自由地转动，使用起来非常

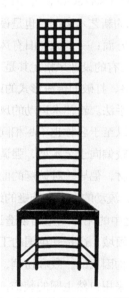

图3-1　马金托什的高背椅（1903年）

---

❶ 新艺术运动十分强调整体艺术环境，即人类视觉环境中的任何人为因素都应精心设计，以获得和谐一致的总体艺术效果。新艺术反对任何艺术和设计领域内的划分和等级差别，认为不存在大艺术与小艺术，也无实用艺术与纯艺术之分。艺术家们决不应该只是致力于创造单件的"艺术品"，而应该创造出一种为社会生活提供适当环境的综合艺术。（何人可. 工业设计史［M］. 北京：北京理工大学出版社，2000.）

❷ 马金托什被公认为新艺术运动在英伦三岛唯一的杰出人物和19世纪后期最富创造性的建筑师、设计师。他和妻子以及妻妹、妹夫在格拉斯哥艺术学院成立了"格拉斯哥四人"设计集团，从事家具及室内装修设计工作，一生中设计了大量家具、餐具和其他家用产品。

图 3-2　伞形衣架

图 3-3　折纸型板凳

方便，而且节约空间（图 3-2）。设计师设计的折纸型板凳，创意来源于小时候折纸游戏中的折纸造型，坐上去带给人们童年的美好回忆（图 3-3）。由此可见，产品艺术创意在结构创新中，还可以从产品外观结构的开启方式、运行结构、传递出的感情、产品部件连接的方式等着手，努力通过产品结构创新来传达产品形态的独特性。

在美国纽约哈德逊公园内设计师设计的城市家具在产品结构上别出心裁（图 3-4），设计师将传统意义上的桌子与椅子造型相结合，使得桌子与椅子、吊顶与椅子有机地连接在一起，使它们浑然一体，游客可以根据设计师设计好的造型，面对面地坐着交流，也可以背靠背地坐在一起，由于椅子位置设计的不同，因此坐上去欣赏风景的角度也不同，这种座椅不仅仅具有使用功能，还具有观赏功能，就像公园内的一个雕塑艺术存在于景区内，受到人们的喜爱。

图 3-4　美国纽约哈德逊公园内的座椅设计 Hudson Park(New York)

（2）从产品材料的创新设计到产品色彩的创新设计

产品中的材料是人与产品沟通的中介物质，材料能够很好地塑造产品的形态，不同的材料在视觉与触觉上给人的感觉不同，使产品造型传递出冷、暖、硬、软、轻、重等形象感。在产品艺术创意中，不同的材料有着不同的加工方法与成型方式，这对产品形式创新有着直接的关系。同样，色彩也是形态表达的要素之一，产品艺术创意中，产品形态的个性与它所包含的视觉传达方面的各种信息，很多情况下都是由色彩来表达的。色彩同样具有强大的视觉表现力，由于色彩一方面能够引起人们各种情感的变化；另一方面色彩还具有象征性与联想性等特点，这对于产品形式创新提供了良好的发展空间。

在工业设计史上，材料的创新推动着产品的创新。自 1779 年，在冶铁业的重要基地柯尔不鲁克代尔建造了第一座大型的铁结构桥梁以后，整个工业领域的设计手法发生了翻天覆地的变化，以生产各种金属小饰物产品为特色的小五金行业就已兴起。自 20 世纪酚醛树脂问世以来，塑料这一新型材料开始在工业产品设计中被广泛使用，而 20 世纪 60 年代更是被世人称作"塑料的时代"。以塑料为例，新型多样化的色彩与成型工艺使许多产品呈现出了新的形式。再如同样是在 20 世纪 60 年代，丹麦设计师潘顿[1]与美国米勒公司合作进行整体成型的玻璃纤维增强塑料椅的研究工作，就是材料的创新设计，这项研究最终导致了玻璃纤维增强塑料（即玻璃钢）在家具制造业中的广泛应用。因此，产品材料的创新设计是产品形态创新方面的一个重要组成部分，是人

---

[1] 维纳尔·潘顿（Verner Panton，1926—1998）因其对现代家具设计革命性的突破和创新，对新技术、新材料的研究和利用，创造了一系列具有抽象几何造型新形态，带有未来主义梦幻空间色彩的家具和室内设计作品，被誉为 20 世纪最富创造力的设计大师。

第 3 章　产品艺术创意的形式创新　061

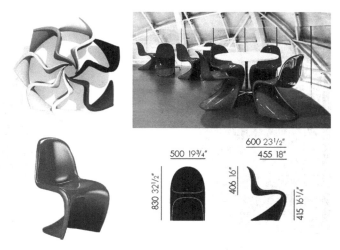

图 3-5　世界上第一把一次模压成型的玻璃钢潘顿椅

们长期认识材料特性和利用材料特性的结果。一种新型材料的诞生往往能给工业产品带来重大的设计变革与进步，它不仅仅改变产品的材质，同时也为产品的色彩创新提供条件，为产品艺术创意做出巨大的贡献。

1960 年潘顿设计出了以单件材料一次性压模成形的家具——"潘顿椅"（图 3-5）。这也是世界上第一把一次模压成型的玻璃纤维增强塑料椅。这种家具曾是许多前辈追求的梦想，如第一代大师密斯，第二代大师小沙里宁，但都由于技术瓶颈未能实现。而潘顿本人也早在 1955 年就已有用胶合板制成单件椅的构思，从那时起，潘顿开始对玻璃纤维增强塑料和化纤等新材料进行研究。经过几年不懈的努力，上百次的试验，不断地观察、想象、再修改，他终于用塑料实现了这一梦想，并于 1959—1960 年研制出了著名的潘顿椅，于 1962 年由美国著名的米勒公司（Herman Miller）生产这件具有划时代意义的家具。潘顿的设计灵感来源于丰富的与众不同的想象力，潘顿椅外观时尚大方，具有流畅大气的曲线美，其结构根据人体曲线设计完成，舒适感极强。由于这种材料能够呈现出多种色彩，因此色彩斑斓的潘顿椅外形十分艳丽，玻璃钢材质让其表面光滑，具有强烈的雕塑感，至今享有盛誉，被世界许多博物馆收藏。潘顿椅的成功成为现代工业产品设计史上革命性的突破，也成为产品艺术创意的典范。除此之外，潘顿还擅长利用新材料来设计灯具，如 1970 年设计的潘特拉灯具，1975 年用有机玻璃设计的 VP 球形吊灯。由于他擅长将玻璃钢材质用于产品设计，因此，他还是一位色彩大师，他发展的所谓平

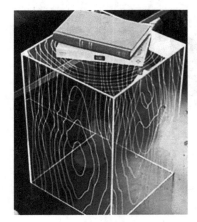
图 3-6　透明的木桌

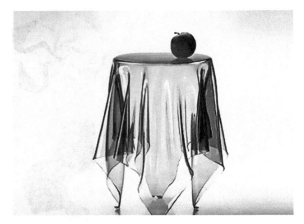
图 3-7　桌布餐桌

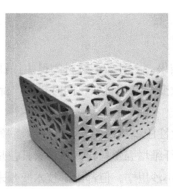

图 3-8　会"呼吸"的沙发

行色彩理论，即通过几何图案，将色谱中相互靠近的颜色融为一体，为他创造性地利用新材料中丰富的色彩打下了基础。

现代工业设计师设计的透明的木桌（图3-6）同样是材料创新的典范，这种透明的木桌给人一种视错觉，人们感觉木桌在眼前隐形了，只能隐约看到一些木纹，这种透明的木桌是由高质量的丙烯酸酯制成的，造型简约时尚，而且很轻便。产生这种视错觉的设计还有很多，例如设计师利用硬质腈纶材料做成的餐桌，颠覆了传统意义上四脚朝地的桌子造型，而是将柔软的餐桌布作为餐桌的造型设计（图3-7），给人眼前一亮的效果。2009红点设计奖冠军奖项得主吴玉英设计师还利用特殊泡沫的材质设计出会"呼吸"的沙发（图3-8），用户坐上去之后，沙发的真正形状才显示出来，因此把它叫做会"呼吸"的沙发。

3.1.3 产品功能创新

产品的目的是为人服务的，因此功能是排在第一位的，是整个设计中居主导地位的因素，它对产品的形式创新有着决定性的影响。现代产品功能的多样化、综合化，必然促使产品造型朝着组合化、小型化的方向发展。同时，在此基础上也将促使某些产品的功能发生转化。如手表过去以计时为主要功能，但现在手表一方面朝着艺术装饰品方向发展；另一方面向多功能综合化方向发展。产品功能创新主要是指开发产品新的使用功能。产品功能创新在产品艺术创意中占有相当重要的地位。产品艺术创意其实质就是要在产品的外观、功能、结构、材料、制造等实现最佳的整合。值得提醒的是，使用功能的改变必然会导致产品形式的改变。所以，功能的改变是新产品创意的重要手段。产品要改变或者增加新的功能，设计师必须掌握必要的创造方法。

（1）维也纳"分离派"的产品功能创新

维也纳分离派成立于1897年，是由一群先锋派艺术家、建筑师和设计师组成的团体，是当时席卷欧洲的无数设计改革运动的组织之一。其代表人物是约瑟夫·霍夫曼（Joseph Hoffmann，1870—1956）、莫瑟（Koloman Moser，1867—1918）和奥布里奇（Joseph M. Olbrich，1867—1908）。这个运动的口号是："为时代的艺术——艺术应得自由。"维也纳分离派是由早期的维也纳学派发展而来的。在新艺术运动影响下，奥地利形成了以维也纳艺术学院教授瓦格纳（Otto Wagner，1841—1918）为首的维也纳学派。瓦格纳在工业时代的影响下，逐步形成了新的设计观点。他指出，新结构、新材料必将导致新形式的出现，并反对重演历史式样。霍夫曼等三人都是瓦格纳的学生和维也纳学派的重要成员。1897年，他们创立了分离派，宣称要与过去的传统决裂。而霍夫曼本人的设计风格则深受马金托什的影响，在霍夫曼的设计中，大多数产品采用规整的垂直式构图，并在设计过程中逐渐演变成了方格网的构图形式，形成了自己独一无二的风格特点，并由此获得了"棋盘霍夫曼"的雅称。如他为维也纳生产同盟所设计的金属制品、家具等大量产品都采用了正方形网格的构图手法。

（2）产品功能创新的案例分析

新的工业方式不仅能够生产更大程度上的装饰品，而且这种装饰性的形式克服生产以及材料使用方面的缺陷。家具设计就反映了这种复杂性的一些方面。19世纪家具设计最有名的例子是霍夫曼于1908年设计的可调节"座椅"。

马金托什所设计的著名的高背椅一般都是坐起来不舒服的，并常常暴露出实际结构与功能的缺陷，1905年霍夫曼在为维也纳生产同盟制定的工作计划中声称："功能是我们的指导原则，实用则是我们的首要条件。我们必须强调良好的比例和适当地使用材料。在需要时我们可以进行装饰，但不能不惜代价去刻意追求它。"在这些话语中已体现了现代设计的一些特点。他为维也纳普克斯多特疗养院设计建筑的同时，设计了最广为人知的"座椅"（适于坐的机器），这把扶椅最初在1908年维也纳昆茨高的一个村庄住宅模型展览中获得好评。这个"座椅"的原型是在19世纪60年代英国威廉·莫里斯公司制造的著名的莫里斯椅的基础上加工制成的。如同莫里斯做的模型，霍夫曼以木球为特色的椅子也有一个可调式的椅背。并且灵活地使用了弯曲的木材技术用于"座椅"的扶手设计，出现了意想不到的效果。霍夫曼便趁世纪交替、维也纳艺术改革之机，超越传统英式椅子的简单、马金托什高背椅的缺陷而创造出一种几何技法和功能上的突破。这种弯木可调节家具，是引入新技术的成果。这种弯曲技术家具后来在奥地利已达到登峰造极的高度，其技术运用的鼻祖是维也纳托勒公司生产商米切尔·托勒（Michael Thonet，1796—1871），他从1836年左右就开始进行弯木家具试验，1853年在维也纳开设了自己的工厂。托勒的技术是革命性的，他创造性地使用传统材料，并采用新的技术，创造出了全新的产品。他的家具中采用蒸汽压力弯曲成型的部件，并用螺钉进行装配，完全不用卯榫联结。托勒家具的秘密不仅在于其创造性的成型方式，也在于逻辑地组织整个生产过程，不少产品中的部件是可以互换的。因此生产工艺和形式较简单，能大批量、低成本地生产椅子，并很快就占领了世界市场。其产品的原型被广为复制，并至今仍以同样的工艺进行生产，以传统的材料创造出了精致的功能形式（图3-9）。

现代设计师在产品功能创意上，也设计出了很多卓有成效的设计作品。如"受难者"照明灯，它的功能就是时刻提醒我们天亮了该关灯了，与普通的电灯相比只是造型上做

图3-9 霍夫曼的可调节"座椅"(1908年)

了小小的处理,却让人眼前一亮(图3-10)。带温度传感器的杯子这一设计给许多喜欢喝热水的朋友带来了方便,当水温达到36℃以上的时候杯子上的水银就会显示绿色,反之则没有(图3-11)。"可视"花盆的设计,让人们可以和植物近距离的接触与交流,花盆完全能通过如同眼睛的透视窗口"透视"植物的根系,清楚地了解植物的生长情况,而且它还有四种提示功能,如:植物的光照、土壤、温度、湿度,显示植物的各种影响因素(图3-12)。"扫把吸尘器"的设计除了具有扫地的功能之外,又具有吸尘的功效。会吸尘的扫把在打扫大件杂物的同时也会将灰尘或细小的毛发也打扫得干干净净,给我们的生活带来了意想不到的收获(图3-13)。

美国纽约雕塑公园内城市家具公共座椅的设计,与周围环境和谐统一。桌子的表面采用棋盘格式造型,设计师将国际象棋中的棋子:皇后、象、马、车等棋子做成雕塑的效果置于桌子上供人们使用。由此可见,这种桌子的设计除了在功能上满足人们最基本的休息功能之外,在视觉上给人们带来美的享受的同时,人们还可以利用它来娱乐生活(图3-14)。

综上所述,产品形态是传达产品信息的第一要素,在产品形态创新中"形"是指产品的形状、产品的物质形体,如圆形、三角形等。"态"指产品可感觉的外观的神态及蕴含在产品中的"精神状态"。因此,产品形态创新是产品的外形和情态两方面的结合,这个概念的意义是把产品的内部与外部统一起来,使"人—机—环境"关系达到和谐,形成一个完整的有机整体。产品艺术创意能够为产品注入更多的精神文化内涵,创造产品品牌价值,以此提高产品的市场竞争力。与此同时,产品艺术形态创新又与产品的结构、材料、功能、色彩等因素存在着内在的联系,符合产品艺术创意系统中强调的创新因素及关系的整体性、综合性和最优化特征(图3-15)。

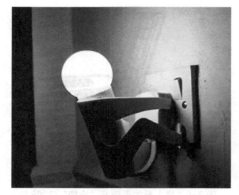
图 3-10 "受难者"照明灯

图 3-11 带温度传感器的杯子

图 3-12 "可视"花盆

图 3-13 扫把吸尘器

图 3-14 雕塑公园内的桌椅设计 (New York)

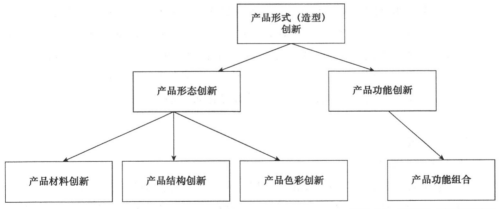

图 3-15 产品形式创新关系图

3.1.4 产品形式创新的设计手法

产品形式创新设计是一种符号赋予的设计活动,以符号的形式进行外在形象地表达,从而传达给使用者创新设计的内涵。在产品艺术创意中,设计师在进行产品形式设计时,首先要在产品形态定位中弄清消费人群的价值观、爱好特征、生活方式等;其次明确设计出什么样的产品造型,符合消费人群所期望的产品形态所具有的特征及美学倾向;最后确定产品造型的风格等问题。产品形式创新是一体化的设计方案，因此，若想产品新的形态的造型、质感、材料、色彩、功能等可以顺利地实现创新，必要的产品形式创新的设计手法将会带来事半功倍的效果。

（1）形状组合、分解与重构法

形状组合法是产品形式创新中最常用也最容易掌握的一种方法，它通过不同产品、不同方法、不同技术、不同原理、不同现象的组合、分解与重构，产生新的成果。这个过程是抽象概念具体化的过程。产品艺术创意形式创新中，要根据形式的法则，对产品色彩、结构、材质等要素进行重新地组合、分解与重构。例如，一个产品单元基础形态像球体、锥体、方体、圆柱等几何形体加上一些曲面或者单元基础形态与形态之间的分解与组合。通过对形态单元的合理组合，使形态生动、活泼、富于变化，增强了艺术感染力，同时，也为生产加工、装配调试带来了方便；有目的地组合也会使形态简洁、统一、整体感强。使产品各元素之间形成更加统一、关联性更强的有机整体。如苹果公司运用这一手法将苹果 MP3 的旧产品经过分解的办法，开发上市 iPod nano 与 iPod shuffle 两个全新产品（图 3-16），受到了人们的欢迎。现代设计师设计的鞋柜、沙发与茶几也是采用形状组合、分解与重构的方法，可以根据用户的需求，将鞋柜、沙发与茶几自由的组合搭配，合理的利用空间，使得产品设计创意的趋势达到一种魔幻空间的效果（图 3-17、图 3-18）。

（2）形态仿生设计法

① 形态仿生设计概念

形态仿生设计是在仿生学的基础上发展而来，是仿生学与设计学互相交叉渗透结合而成的一门边缘学科。形态仿生与功能仿生、结构仿生一起隶属于仿生设计，它们旨在

图 3-16　iPod 产品的形状组合、分解成不同的产品

第3章 产品艺术创意的形式创新　069

图 3-17　自由组合搭配的鞋柜设计

图 3-18　可自由组合拆卸的沙发、茶几设计

Q6
什么是仿生学？仿生学对设计学的影响是什么？

使人类社会与自然达到高度的和谐统一。其中结构仿生和功能仿生多用于建筑、桥梁等，而形态仿生主要应用于工业产品造型设计。在产品艺术创意中，产品形态仿生设计是对生物体的整体形态或某一部分特征进行模仿、变形、抽象等，以达到造型的目的，这种设计方法可以消除人与机器之间的隔膜，对提高人的工作效率、改善工作心情具有重要意义。形态仿生设计不仅包括造型，还包括产品的色彩及纹理等。在对产品形式定位的基础上，找到其所对应的生物体结构形态进行分析、调整、变化。这种对生物体结构外部形态的分析，分为具象形态仿生与抽象形态仿生两种。

具象形态仿生是比较逼真地再现自然界事物的形态，具象形态仿生设计的设计风格直观、生动、活泼，富有生命力、情趣性、可爱性和亲和性，一般在玩具、日常用品中使用比较多，容易被人接受。如梅韦斯所设计的嘴唇沙发是达利设计的家具中最具代表性的一件作品，它具有明亮的颜色和性感的形状，它的表面采用高级红色珍珠绒布材料，内部填充高密度海绵，线条流畅，美感十足，成为具象形态仿生设计的经典作品（图3-19）。

抽象形态仿生设计是在自然形态的基础上演变而来的，它提炼物体内在的本质属性，容易让人产生"心理"形态，它来源于自然形态又不同于自然形态。抽象形态设计通过简单的形体反映事物的本质特征，它是通过灵感和创造性思维，以及对比、混合、分割、重复、渐变等形式法则或组合视觉审美元素，将自然界具体的、精细的生物形态，经过归纳和总结，演变成抽象的、单纯的形态，使形态表现出节奏感和秩序美。如奔驰汽车造型设计中，利用海鸥翅膀造型以及上下扑动的原理设计的欧翼式车门，可以向上弹起，使得奔驰汽车与传统汽车车门的开启方式与造型形成鲜明对比（图3-20）。

② 形态仿生设计程序

形态仿生设计在产品艺术创意中具有以下特征：对生物形态的高度简化性与概括性；同一具象形态下产品形态抽象的多样性；形态内容丰富的联想性。在产品艺术创意

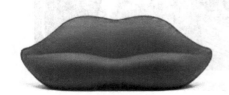

图3-19　梅韦斯所设计的嘴唇沙发

图 3-20　奔驰公司设计的欧翼式车门

图 3-21　形态仿生设计程序

的形式创新中，形态仿生设计手法是选定模仿的生物对象，对其形态特征进行全面分析，明确造型基本要素；在此基础上对形态要素进行高度提炼，运用变形、抽象、夸张、渐变等手法完成产品的雏形设计。结合产品的功能及技术要求，在产品雏形设计的基础上进行完善，最终设计出合理的产品形态设计（图 3-21）。

③ 形态仿生设计意义

现代文明导致生态失调，迫使人们开始反思并力求寻找新的出路。形态仿生设计作为人类社会生产活动与自然界的契合点，使人类社会与自然达到了高度的统一，在产品艺术创意中，形态仿生设计具有重要的意义。首先，形态仿生设计并非对生物界的简单模仿或形态临摹，而是对自然界的"天然设计"进行优化，把握其核心特征运用到产品设计中去，从综合形态、材料、功能、色彩、结构等方面考虑。如仰韶文化器皿上描绘的鱼纹动物形象、半坡彩陶的植物纹样装饰、达·芬奇模仿飞鸟设计的人类第一架飞行器、鼠标的设计、德国大众畅销世界的甲壳虫轿车、飞机汽车的"流线型"设计等，大量的事迹记录了人们对自然生命外在形态和功能创造性地模仿。由此可以看出，形态仿生设计是人与自然和谐相处的手段之一。产品艺术创意的形态创新，从人类社会赖以生存的自然界中寻找设计的灵感是最为有效、快捷的方法。

其次，产品能够传达一种文化，从形态仿生的产品设计中也体现出人们对所处自然地理解和尊重，是人们热爱自然、热爱生活的最好表现。产品艺术创意不是去破坏自然，而是力图通过设计来营造更加和谐、完美的绿色生态系统。运用形态仿生设计，无形中为产品找到了连接自然界最好的方式，为设计打开一个更广阔、更具发展的空间，即自然空间，拉近产品与自然界、产品与消费者之间的距离。最后，形态仿生设计给产品设计带来愈来愈多的惊喜，给产品艺术创意注入更多的灵感，同时也为产品艺术创意提供了无限的发展空间。

④ 形态仿生设计案例分析

形态仿生设计主要在于提炼物体的内在本质属性，是一种特殊的心理加工活动，与人们的审美体验也有着密切的联系，属于高层次思维创造活动。20世纪50年代具有国际影响的家具设计师阿纳·雅各布森（Arne Jacobsen，1902—1971），作为北欧的现代主义之父，主张简约设计风格。他在家具设计上以人机工程学的尺度为基本依据，将刻板的功能主义形式转换成优雅的形式。在20世纪50年代，丹麦的家具制造商弗里兹·汉森，发明了一种使椅子内部浇铸的新方法，让它的外壳成为一个连续的整体。在得知这种技术后，雅各布森开始设计能够应用这种技术的椅子，他采用石膏模型的形式，像雕刻那样制成了作品原型。雅各布森的"蛋"独特设计思想也需要传统的翼型椅模型，需要将二者完美地结合在一起。他把人工合成的贝壳外形用泡沫填补，并覆盖上织物或不同种类的皮子，停留在星形的铝制底座上。蛋形椅的外壳由玻璃纤维和聚氨酯泡沫体加固而成。椅子还有一个可调整的倾斜角度，可以根据不同用户的体重来调整。椅子底部由如丝缎般光滑的焊接钢管和一个四星形注模铝组成，可以用织布和皮质作装饰。这个卵形椅子从此成了丹麦家具设计的样本，它独特的造型可以在公共场所开辟一个不被打扰的空间，坐在它之中就如同在家休息一样。"蛋"这种自然形态给人憨态可掬的视觉感受，其椭圆的造型具有简洁流畅的线条美感，给人柔和、饱满的心理感受及浑厚可爱、俏皮、简洁利落的审美感受和审美体验。另一方面，如果不是一种新技术的发展，雅各布森的蛋形椅也是不可能生产的。雅各布森的蛋形椅是技术与美完美结合的产物。因此，在新技术引导下，产品的形式也在潜移默化地发生着变化，成为产品艺术创意中的经典作品（图3-22）。

设计师受到雅各布森设计蛋形椅的启发，设计出了另一款蛋形电脑一体桌，给人们枯燥的写字楼生活带来一点生机与新意（图3-23）。除此之外，现代设计师利用形态仿生法，仿照人体心脏设计的心脏造型的容器，可以用作储水或者用来放酒，注入红葡萄酒就像人体流动着红色的血液，如此惊艳的"心脏"具有很强的视觉冲击力，刺激人的眼球很想让人去拥有它（图3-24）。龙虾牙刷架与鹦

图3-22　雅各布森设计的蛋形椅

图 3-23　蛋形椅电脑桌

图 3-24　心脏造型容器　　　　　　　图 3-25　龙虾牙刷架与鹦鹉开瓶器

鹉开瓶器也是利用仿生的方法设计出具有创意的产品（图 3-25）。

（3）形态符号系统法

苏珊·朗格的艺术符号论美学，提出"艺术是人类情感符号形式的创造"这个命题。形态是事物内在本质的外部表现，因此形态可以作为情感符号，使人们认知到主观现实的感情，转化成视觉或触觉的形态语言（图 3-26）。形态符号系统法是产品形式创新的另一种模式和方法，是综合产品符号系统理论与产品系统理论的一种方法。在产品艺术创意中，产品被认知为一种符号系统，它通过结构、色彩、肌理等各种符号要素与结构形式，运用符号系统识别于指示者或使记号显形之物，正如巴尔特的看法：符号首先就有传达信号的能力，同时具备代码（code）的能力，否则就无法界别语言和非语言记号（sign）、记号系统、意指关系。因此，符号系统能够在特定的语境中，传达一种信息，实现产品的功能价值与意义。根据产品形态的特征分析，产品符号由点、线、面、体四种基本视觉要素组成（表 3-1）。在产品艺术创意中，产品形式创新要求对产品形态符号系统中各要素相互作用，相互影响。这些符号系统中的各要素之间相对稳定

表 3-1　产品形态要素分类

"点"要素	"线"要素	"面"要素	"体"要素
对于点的定义是以弱小元素为基本特点,在产品设计造型过程中,以任何面积、体量等弱小的视觉形态,均可称为点	在产品形态符号中表现最为丰富的要素为线要素,线要素能够体现产品符号的内涵与形态的内在张力,如轴线、方向、运动等	面的形态特征在产品形态中,取决于面的轮廓线及轴线的基本特征等,轮廓线决定产品的形状,而轴线则表现产品的凸凹关系与变化	体所表现出来的形态感觉,是由材料、工艺、力学、审美等多种要素共同构成的。这些要素一般对应于产品不同的结构部件,因此具有不同的属性特征

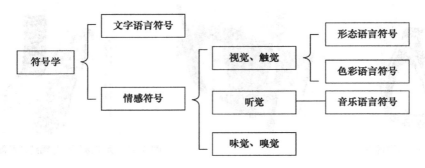

图 3-26　符号学的转化

图 3-27　苹果 iMac 一体机电脑、阿莱西的漏斗杯子

有序的联系方式组成产品符号系统结构,这种符号系统结构是根据产品功能的要求,有机结合各种要素,创造一种和谐的形式美关系。如苹果 iMac 一体机电脑通过支撑的手法将底座与电脑主机相结合,阿莱西设计的漏斗杯子将各要素通过契和的手法,使杯子更加造型活泼和新颖(图 3-27)。

3.2 新技术引导下的形式变更

3.2.1 产品形式创新中的技术创新

（1）产品技术创新

所谓技术创新是对新技术的运用、新材料的了解、产品的加工及废弃后回收等一系列整合的技术，就是用科技手段实现产品功能、产品形式的创新。因此，产品艺术创意的形式创新产生的另一重要影响因素是新技术的发展，现代科技的发展在一定程度上直接影响着产品艺术创意中形式创新的面貌。其中，材料科学的发展、加工技术的进步、设计手段的更新等一系列因素，对产品艺术创意形式创新进一步完善起到了非常关键的推动作用。所以，工艺技术创新是产品艺术创新的必要条件和基础，例如玻璃纤维椅子的一次成型就属于产品造型方式的创新。意大利著名建筑家奈尔雅曾说过，一件技术水平高的作品，其艺术上的效果可能并不好。但无论是古代还是现代，却没有一件美学上公认的杰作而在技术上却不优秀的。可见，良好的技术是产品艺术创意杰作的必要条件。

（2）产品形式创新案例分析

玻璃的历史始终是科技、艺术、生活综合的历史。在19世纪社会工业化之前，玻璃设计是在传统工艺模式内完成的，即通过手工制作来实现设计。玻璃的形态在高温熔融的状态下不断地变化与发展，一瞬间的判断会导致最终不同的产品形态。在这个过程中，制作的技巧与偶然性等因素对设计起着极为重要的作用。艺术家通过对玻璃材料特征的掌握来创作所需的造型变化。玻璃的不同性质影响着产品的造型、色彩及产品表面肌理等特征，并决定着产品工艺制造与设计。因此，在传统模式下玻璃的工艺技巧与材料特性是产品设计的最终决定性因素。而新技术的发展使形形色色的产品艺术创意得以实现，19世纪社会工业化之后的玻璃工业无论在生产规模上还是在生产技术上都有了很大发展，玻璃工艺出现了两种技术革新，从而增加了产量并扩大了产品范围。其一是模内吹制成型技术，这使瓶一类的容器能以较低成本重复生产，以满足日益增长的酒类、食品和医药工业的需要。其二是玻璃压制成型技术，熔融的玻璃置于加热的金属模具中，然后压入一个内模使制件成型。这种技术在18世纪20年代中期首先发展于美国，而后很快传播到整个欧洲。这种技术只能用于敞口的玻璃制品，如杯、盘、钵等。它所生产的制品表面粗糙不平。为解决这一问题，在美国开发了一种采用浮点和点刻的装饰技术，并演化成了所谓的"花边"风格，以掩饰生产中的工艺缺陷。压制玻璃生产方法使美国的玻璃工业飞速发展，日常使用的便宜玻璃制品大批量地生产出来，"花边"玻璃制品的图案设计成了材料和生产工艺的最好体现。模内吹制技术主要用于生产玻璃包装容器，特别是用于生产包装软饮料、药品等的瓶子。在19世纪中后期，带有印刷字母的薄壁玻璃瓶开创了瓶装设计的广泛领域。可口可乐饮料就是在19世纪末以这种瓶子开始其辉煌的商业成就的，至今其包装瓶看上去仍与19世纪的原型类似。

1913年7月，针对仿冒的可口可乐越来越多的形势，坎德勒委托印第安纳州著名玻璃制品商鲁特为可口可乐设计制作出一种形状别出心裁的瓶子。鲁特的下属塞缪尔仿照古柯叶的形状，设计制作了一种带有螺旋形竖槽的玻璃瓶，并用当时流行的一种裙服为瓶子命名为"紧身连衣裙"。收腰型的外观创意来源于《大不列颠百科全书》中可可豆的插图。瓶子的色泽是透明的蓝晶、冰蓝或绿等淡色。在1923年圣诞节后，除战争期间因铜的缺乏而为蓝色外，其余时间便一直采用绿色。可口可乐的图案还曾被作为著名的《时代》杂志的封面。1960年，可口可乐公司决定保护这个珍贵的设计，为可口可乐瓶注册了商标，使之成为全球第一个获得专利的瓶子。在过去百年间，可口可乐瓶的设计基本上没有改动。无论在世界什么地方，人们都可以看到这种他们熟知的瓶子。技术上的创新使设计师在可口可乐瓶子的设计上，通过探索性的造型草图来发展自己的设计构思。在这个概念性的草图创意阶段中，设计师凭借对玻璃材料特性的经验来帮助设计创意的发展与完善。然后，制作小样进一步对设计进行探讨，经过反复调整后确定设计的最终状态。在这种设计行为模式中，偶然性的因素赋予这种玻璃造型独一无二的性格。这种"犹如在水中和空气中工作"的玻璃艺术的创作取决于玻璃材质的透明特征。将这种材料应用于饮料瓶子的设计是其他材料无法媲美的。可口可乐瓶纯净无瑕的透明视觉效果，传递给人洁净、清爽、晶莹的审美感受，透明的材质特征令人遐想万千，也构成了其他材料无法仿效的情调和感觉（图3-28）。

3.2.2　技术与美的完美结合

产品形式与技术进步相适应，产品的功能是直接借助技术的进步而发展和创新的，而一定功能的产品必然会以一定的形式出现，技术的进步推动了产品功能上的进步，必然导致产品形态发生改变。在工业设计发展浪潮中，从早期的功能主义发展到当代的有机形态、多元化形态设计，这些形态的改变正是技术进步的结果。

图 3-28　亚历山大·塞缪尔的可口可乐瓶（1915）

苹果公司在产品的设计创新上重视产品的外观设计，因为研发人员意识到技术层面在行业内已经达到了登峰造极的水准，品牌间难以在此找到明显的差异。所以，他们在产品外观设计上探索更有力的突破。苹果公司依托背后的尖端自主工艺，看到了易用性及轻薄化对用户的重要性，紧随形势全面研发设计，为消费者带来全新舒适应用的理念。人们越来越追求生活的便携与灵活，在笔记本电脑领域更是形成"轻薄"的趋势，如 MacBook Air 是苹果公司开发的一部超薄型麦金塔手提电脑，于 2008 年 1 月 15 日发布。苹果公司声称这部电脑是"世上最薄的手提电脑"。厚度最薄处只有 0.3 厘米，最厚处都只是 1.7 厘米。磁力吸附的 MagSafe 电源接口，Multi-touch 多重触控式轨迹板。多重式轨迹板不但可以在两只手指并排时轻敲触摸板代替右击，而且还可以让 MacBook Air 像 iPhone 一样自由操控。由于键盘带有背光，即使在弱光环境下，也可以享受轻松顺畅的输入体验。MacBook Air 采用全尺寸键盘的形态设计，而不是一般的简化键盘。内置的感应器能检测到环境光线的变化，自动调整键盘和显示器的亮度，这样在任何操作环境下，都能获得理想的亮度。MacBook Air 的显示屏与主机身均采用 Unibody 一体成型机身设计。Unibody 结构意味着更高的精准度、采用更少的部件与更简洁的设计。这让 MacBook Air 的外观格外轻巧，但足够耐用，能应对日常使用中的颠簸与磕碰（图 3-29）。

因此，在新技术引导下产品加工技术的提高和设计手法的更新成为产品形式创新的重要手段，让设计师创造出新的形式以赋予产品新的功能、使用方式及美学观念，从而推动产品形式创新。

图 3-29　苹果公司 MacBook Air 的外观设计

3.3　装饰过度与过度装饰

装饰艺术随着人类文明的产生而产生。从远古的岩画、陶器上的彩绘到丰富多样的装饰手段与技法，可以说装饰艺术的发展从未间断过，各个时期都留下了时代的印迹。在产品艺术创意中，产品的设计与装饰艺术有着千丝万缕的联系。从强调自然的工艺美术运动，到以女性与植物为装饰主体的新艺术运动，再到融合强烈色彩与几何式样的装饰艺术运动，现代设计总是从装饰出发对产品设计进行艺术创新。

3.3.1　产品的装饰与过度装饰

（1）产品的装饰艺术

"装饰"是一种美化与修饰、点缀与装点，使产品更加美观。它一般用其他艺术符号为载体对主要的表意符号进行美化点缀，用以提高产品的艺术语言表达效果，成为一种塑造产品形象的辅助手段。首先，在产品设计中，产品的装饰手法不仅可以增加产品的亲和力和艺术气息，还可以让产品看起来更有品位和市场竞争力。其次，从其美化生活的角度来讲，产品的装饰是一种必不可少的设计手段。它不仅满足了"日常生活审美化"语境下人们的审美需求，更体现和创造了一个民族的艺术意志。装饰艺术在本质上是一种文化现象，它可以体现一个民族的灵魂与内涵。就如沃林格在《抽象与移情》中说的："装饰艺术的本质特征在于，一个民族的艺术意志在装饰艺术中得到了最纯真的表现。"但是，凡事物极必反，打破了装饰的尺度必然会损害事物的本质功能。那么在今天资源环境问题日益严重、经济萎靡的情况下，把握好装饰的尺度就显得更为重要。最后，产品中装饰手法的运用，能够更好地体现与强调产品的形式与功能，正如莫里斯所倡导的装饰与功能关系那样，在很多情况下，装饰只是在人们使用产品时带给人愉悦的一种技巧，成为产品的一个部分，但是产品中更强调产品的使用功能。综上所述，合理的装饰可以为产品设计增色不少，产品的装饰在产品艺术创意中的具有深远的意义和作用。

（2）产品的过度装饰

产品的"过度装饰"相对于产品的"装饰"来说，是装饰的反叛，在当今社会资源、能源匮乏的时代，产品的过度装饰往往被看成产品"矫揉造作"的表现。例如工业革命时期，产品制造商把装饰与设计等同，他们为了满足人们传统的审美习惯和需求，适应新兴资产阶级显示其财富和社会地位的需要，许多生活日用品借助新古典主义或折衷主义的风格来附庸风雅提高身价，把手工业产品上的某些装饰直接搬到机械产品上，不惜损害产品的使用功能，有的将蒸汽机机身刻上哥特式纹样，有的在纺织机器上加入洛可可风格的饰件等，结果这些产品大多是丑陋、恶劣的装饰风格的泛滥，产品造型显得俗不可耐，产品的形式与实际使用功能毫无联系之处，设计的现状显然与代表社会进步的生产方式格格不入。因此在欧洲近现代设计史上，装饰也同样发展到了无视人性的状态，因而一些现代主义设计师从设计伦理学的角度出发，对装饰提出了批判。阿道夫·卢斯在《装饰与罪恶》一文中认为，装饰严重地伤害人的健康，伤害国家预算，伤害文化进步，因而发生了罪行。卢斯反对在当时经济条件不好的情况下，把钱花在不必要的装饰上，因为它不仅没有功能意义，而且劳神伤财。卢斯反装饰的思想虽有一定的片面性和局限性，但它符合西方当时的社会状况，我们不能否定其合理性。况且当前经济状况低迷，资源环境负担越来越重，在这样紧迫的时候花额外的钱去追求华而不实的装饰就是一种罪恶。"设计的作用在于寻找功能和社会间的接点，在功能足以说明一切的前提下，装饰成分是可以节制的，如何把握节制的度是考验一个设计师是否成熟的标尺。"田中一光的这段话正是对设计中装饰的准确诠释。

3.3.2　产品包装过程中的过度装饰

产品艺术创意的形式创新，不仅包括产品材料、结构、色彩、功能等方面的创新，还包括产品包装艺术方面的创新。包装不仅仅指为产品披上一件华丽的外衣，而是指在与消费者接触的各类场所中，把产品的个性特征和产品的属性，以各种载体形式进行塑造与推广的行为。是产品概念由内至外的诠释，它从包装物的形式、材料，到终端卖场的各类推广物品，形成一个对消费者由大到小的环境的影响。本章在产品形式创新方面主要对"产品包装"即针对产品所做的由内至外的包装形式，包括包装纸、盒、箱等形式的创意研究。

  产品包装除了保护产品、方便携带和运输的作用之外，还要具有传播产品个性特征的作用。产品要体现出与产品相对应的审美趣味，包装的材料、形式要体现出产品的文化品位，和产品一起影响着消费者的认识和选择。不同价值、价格的包装形式是各不相同的，只有与其个性相吻合，才能达到最好的传播效果。但是，产品包装过程中的过度装饰愈演愈烈，据相关部门统计，我国月饼生产商每年花在包装上的花销竟高达10亿元以上。以上海市为例，上海每年生产月饼1000万盒左右，然而过度包装却要耗费掉400~600棵直径10厘米的树木，相当于一个中秋节就要"吃掉"一片森林。这样的过度包装不仅污染环境、浪费资源，而且已经背离了它本身应有的功能，对于消费者来说与其说是买商品，不如说是"买包装"。产生这种现象的原因是多重因素造成的，既受消费者扭曲的消费观念的影响，又受市场经济中生产商逐利行为的驱使，还有设计师盲目迎合这种腐朽之风的诱导。

  首先，过度装饰的根源在于消费者不健康的消费心理与消费习惯。社会上很多人追逐装饰繁冗的产品，认为奢华外表包装下的产品就是最好的，有些人将包装精良、华而不实的产品用做炫耀的载体，很多人上演了"买椟还珠"的一幕，选择产品时只看重产品的外表，而忽略了产品本身的价值，这些人使得产品设计中过度装饰的盛行。其次，在市场经济条件下，产品的装饰性元素对于提高产品附加值有着极其重要的影响。由于消费者喜新厌旧的心理，卖相好的产品才受欢迎。正是因为这样，生产商绞尽脑汁在产品卖相上大做文章，甚至把包装作为首要任务来抓。导致产品包装越来越豪华、越来越高档，不少包装成本已占到产品总价的70%~80%，而忽视产品质量。最后，作为产品包装的设计者，很多人缺少正确的认识。有的设计师哗众取宠，盲目迎合这种腐朽的需求，太注重形式而忽略了产品本身最基本的功能，致使产品的观赏价值远远高于使用价值，这样便形成了过度装饰的恶性循环。产品包装过程中的过度装饰不仅浪费国家资源、污染环境，而且误导消费者，损害消费者合法权益，助长了奢侈之风、浮夸之气。

3.3.3　产品包装过程中的创新手法

（1）法律法规的制约

随着人们环保意识的不断提高与过度装饰现象的严重影响，人们不断地寻找各种方法来抵制过度包装。抵制产品过度装饰、过度包装的方法有很多，国际上规定包装成本不应超过产品出厂价格的 15%，如果超过 15%，则属于过度包装。一些国家相关部门也对包装的使用和发行进行严格的管理和控制，限制"过度包装"进入市场。例如，1991年德国开始实施《包装条例》，该条例首次对废弃包装的回收、重新利用及利用比率作了相关规定，并以法律形式强制要求生产商和经销商必须对其产品包装的回收和处理负责。这种政策很好地抑制了包装中的过度装饰，对于节约能源、保护环境大有裨益。除了这些法律法规之外，最重要的是设计师在产品包装过程中应采取一些创新手法来吸引消费者，例如现在设计师推崇的绿色环保包装，它要求设计者在设计过程中遵循"5R + 1D"的原则，在产品包装材料的选择上，减少包装材料使用量，鼓励采用可循环、可回收的环保材料；对产品包装的装饰上进行有的放矢的取舍；在产品包装的外观结构上摒弃繁冗复杂的装饰造型，做到产品包装外观造型简洁化，摒弃华丽，注重产品的实用性，易于消费者使用与携带。

（2）产品包装材料创新

产品的包装已不单纯的满足消费者的可读性、可观性、消费者对商标的印象和产品功能特点说明等这些条件，由于科技水平的提高科学家在产品包装材料上研发出一种能够替代传统的木材料包装或塑料包装的新型可降解包装材料。该包装由可完全更新使用、可降解处理的原始材料创成，用料中含有 50%~70% 的木屑和 20% 的谷类以及其他自然作物成分。该包装可以用生产明料包装的机械加工生产，并且防水性能可持续几个月，淹没在水中几个小时就可完全降解，掩埋在土中几天后也可完成降解。这种材料的研发对于产品包装材料起了革命性的作用。除此之外，在包装材料的创新上，芬长思特安索公司设计研发的包装通过外部加层纸盒来保持食品新鲜，盒内不必再使用塑料包装，因此重量更轻、回收更有效。这种材料可用于干电池的包装，传统的干电池包装一般分为两部分，分别是硬纸板和粘在纸板上的塑料空槽组成，该设计中的包装不再使用塑料材料，直接采用这种新型的纸材料。这种使用单一材料的包装更便于回收及生物降解，设

图 3-30　干电池包装设计

计师可以根据不同型号电池，设计不同的包装产品（图 3-30）。

（3）产品包装结构创新

产品包装除了材料创新以外，其包装结构的创新也能够使产品包装脱颖而出，达到环保效果。据报道现在生活垃圾的一大来源为一次性饮料杯，这种杯子是不可再生资源的一种浪费。为此，设计师设计了一种用纸容器替代通常的饮料杯及一次性塑料杯，包装更为有效、破坏性更小，该包装只需一整张纸制作而成，比类似的纸制容器更省材，而且避免了纸张切割过程中造成了浪费，它可以被完全回收和生物降解。这种新型环保纸杯目前已在韩国、美国等国家投入使用，并达到良好的效果，受到人们的普遍欢迎。许多国际性公司开始关注自己的运作对环境产生的影响，例如"护体用品商店"从诞生之日起就致力于减小对环境的影响，该公司最著名的环保解决方案之一就是在全公司采用规格统一的包装瓶盛放护发、护肤产品并且可以在使用后重复加装，这一方案已经成为该公司的一个主打品牌，使得该产品在众多同类产品中迅速脱颖而出，取得了很好的销售成绩。由此可见，环保理念的包装已成为人们推崇及流行的一种方式，它也是包装设计的重要环节，直接关系到产品包装的整体功能、经济成本、生产加工方式及包装废弃物的回收处理等多方面的问题（图 3-31）。

（4）产品包装理念创新

产品的创意包装可以通过产品包装外观文字的色彩搭配以及包装图案、结构、材料的创意，使得产品的创意包装不但能够达到吸引消费者眼球的功能，还可以传达产品的理念并产生品牌识别的效应，成为一个立体化、多元化的系统结构。例如，英国有一家食品公司推出了一款鱼子酱产品，由于是一家新公司，消费者对这家新公司的认知度不是很高，因此产品无人问津。于是这家食品公司创新地采用了绿色生态包装，以天然的

图 3-31　一次性纸杯、护体用品商店的包装设计

绿色植物作为商品包装的主要图案，并打出了"回归自然，自然带来健康"的广告语，使得该产品在众多同类产品中迅速脱颖而出，取得了很好的销售成绩。但是，由于目前生态环保材料比普通材料价格要高，使得很多生产商为了节约成本追求利益最大化而放弃使用环保材料用于产品包装。笔者认为，国家有关部门应该加以政策性引导，对积极使用绿色生态环保包装的企业提供相应的优惠政策，这样才能使更多的企业积极地使用绿色生态环保包装。并且在产品的外包装印上环保标识，用来提高人们的环保意识。在社区、学校及街道等对于垃圾收集及处理的地方，可将垃圾箱分类成可回收垃圾箱及不可回收垃圾箱，将生态环保意识充满我们生活的每个角落，将生态美学观融入生活、融入产品艺术创意中。

因此，针对目前过度包装的现象对产品艺术创意研究即对产品所做的由内至外的包装形式，包括产品包装设计中包装材料、包装结构、包装技术及包装理念等方面的创新研究。在产品包装过程中提供一些创新手法，使其能够吸引消费者眼球，传达产品的理念，产生品牌识别效应、生态保护环境、节约资源等作用，为我国产品艺术创意提供新的思路和启示。

第4章 产品艺术创意的文化传播

自20世纪后期以来，随着人们生活方式和价值观念的更新，产品的艺术创意这一概念成为产品设计活动的核心内容。而任何一种有竞争力的产品，都包含着优良的技术与优良的设计两种要素。其中的技术要素，由于其价值存在的潜在性，必须通过设计使其潜在价值得以体现。而设计作为竞争的要素，是随着人们对产品这一包含某种物质功能载体所含文化因子的日益迫切需求通过创造性思维而显现的，在技术的功能内容与人的需求之间寻找一个合适的切入点，提出解决需求的方法并予以实现。因此产品艺术创意在产品设计上将文化因素融入产品中，通过产品结构、色彩、材质等设计元素渗透着人的情感体验与心理感受，即成为文化传播的载体。

4.1 产品艺术创意的文化内涵

4.1.1 产品与文化

（1）文化的涵义

文化是指一个国家或民族的历史、地理、风土人情、传统习俗、生活方式、文学艺术、行为规范、思维方式、价值观念等。它不仅是一种社会现象，同时也是一种历史现象。它是人类长期创造过程中形成的产物、社会历史的积淀物，并被历史所传承，客观地存在于人与社会关系及自然世界中那些相对稳定，并被人类自觉意识所发现的，经常应用于生活中的规律性的东西。

正如 Kluckhohn 所说：文化是后天的历史所形成，也是人类生活中外显和内隐生活样式的设计（Systemof Explicit and Implicit Design for Living）。这里所谓外显（Explicit）是一种动作或行为，而所谓内隐（Implicit），当指行为规范、价值观、思想、超自然观等等。

从词源学的角度来看，"文化"一词在西方源于拉丁文 Culture，其原意本是对土地的耕耘和植物的栽培，后来又引申为对人本身的精神的培养。无独有偶，中国古代文献中也有"文化"一词，其最古老的含义便是"文治教化"，《易传》中有"观乎天文，以察时变，观乎人文，以化成天下"。由此表明，人类的文化史均是从制作生产工具及制造生活用品开始的，也就是所谓的"造物文化"。我国著名思想家墨子曾经说过："衣必求暖，而后求丽；居必求安，而后求乐。"在这些造物用品的实用功能达到以后，人类就开始附加上了审美的考虑，那么造物文化就上升为造物艺术文化。原苏联学者卡冈认为："造物艺术文化是介于'物质文化'和'精神文化'之间的一种特殊的生产形式，是这两种文化有机互融的结果。"综上所述，这些人类为了生存制造的产品承袭了文化内在及外在的相关意义即物质精神与文化精神，反映了当时人们的生活需求、社会的情况、技术与生产的方式、思想与观念等。正如同克劳斯·克里本多夫（Klaus Krippendorff）和雷恩哈特·布特（Reinhart Butter）在 20 世纪 80 年代对产品语意学之定义所言："产品语意学是研究人造物体的形态在使用环境中的象征特性，并且将其中知识应用于产品设计上。"因此，人类的文化背景深深影响着产品的设计行为，同时产品的设计也透露出特定的文化价值取向。例如，用东方的茶具来盛放西方的威士忌，用东方的筷子来夹西方的牛排，这中间的矛盾与怪异，便体现了文化力量对器物观的影响。

工业设计作为科学技术时代的一种造物艺术文化，本质上也是人类文化创造的一种，因此工业设计也可称之为产品的文化设计。它凝结了人类的生活方式、审美、科学技术等人类文明的成果，同时也是传统文化的积淀产物，产品的文化内涵表现为产品的民族特质、艺术特质及伦理特质。德克霍夫在《文化肌肤》中提出："由于设计是文化意义上的人造物的可见、可听的有肌理质感的外在形式，所以设计是'文化的肌肤'，文化是设计的基础，设计是文化的表现。"所以，设计是人类文化的一部分，又受到文化形式的影响。

（2）产品是文化传播的载体

文化创意产业是 21 世纪最具发展潜力的绿色产业。在这种时代背景下，文化决定着国家政策和社会经济发展水平以及社会产业结构的调整及发展方向。正如英国著名时尚设计师威文·威斯特姆（Vivienne Westwood）所说的："文化才是意识形态和广告宣传的解毒剂。"在后技术时代中，经济发展模式依靠大众消遣娱乐化的方式来实现对消费者无限追求的消费开拓，从而保证泡沫经济的繁荣。而这种隐藏在消费背后的是欲望，这种欲望的无限拓展让我们一度迷失在文化的沙漠里。这种无法回避的精神空白与欲望泛滥促使我们不得不回到设计的本源——设计的目的在于创新，用产品的艺术创意来改进人类的生活品质，提升社会的文化层次，让产品成为文化传播的载体，而产品创新也成为人类需求的一个主题。

产品艺术创意一般是以文化、艺术创意理念、审美为核心的产品，是依靠人的知识与灵感、智慧与才能在特定行业的物化表现。创意产品的艺术性、文化性及科技性价值都远远高于普通的产品。而这些产品所带给人们的不仅仅是功能上的需求，更多的是带给人们精神的需求，一种心理上的慰藉与满足，让创意产品更具有生命力与文化性。

任何一种艺术创意活动，都要在一定的文化背景下进行，但创意并不是对传统文化的机械复制与临摹，而是通过人的灵感与想象力，借助于各种手段对传统文化资源再利用。产品艺术创意不是一种光鲜形式，而是蕴藏在形式背后的东西更能够打动人的一种情结，这种所谓的情结往往存在于文化之中。人类的文化影响着产品的设计行为，即设计师从文化中寻求创新的灵感运用到产品设计上，使产品具有特有的语言与符号，同时给产品的设计与精神内涵带来更大的自由与空间，使得产品的设计也透露出特定的文化价值取向。设计师用设计的、创新的、艺术的语言与符号，将这种文化通过产品为载体传达给消费者，使产品更具有历史传承性，同样也是产品艺术创意成功的关键。

产品艺术创意的理念中一定有文化的内涵，好的创意作品都具有深厚的文化底蕴，在满足人们的物质文化需求的同时，能带给人精神上的享受，成为文化的传播者。文化的传播在产品各个层面上留下烙印，设计史上有很多经典产品不仅成为一个企业、一种风格、一个时代的标志性产品，甚至成为表达一个国家的文化精髓的产品。例如，美国福特汽车公司的"T"型车是19世纪初汽车工业的代表；德国大众汽车公司的"甲壳虫"是战后汽车工业的代表；Burberry代表英国文化；梅塞德斯·奔驰汽车代表德国文化；SONY代表日本文化等，因此产品是文化传播的载体，设计即是应用某种语言与符号体现其文化内涵。我们只有充分认识和理解文化内涵，才能更好地体现产品文化；只有深入研究文化，才能更好地创造产品文化。

4.1.2　产品艺术创意所表现的文化内涵

当今消费时代的来临或者"全民娱乐性"时代的到来，并不意味着对以前生活形态的全盘否定，人们长期积累的对传统的尊重与认可，仍然根植在人们的观念中，这些既有的文化语言与符号应该给当代的产品艺术创意提供更广阔的思维空间，设计艺术创意产品之前必须对文化的表象及内涵加以调查研究，并对其有形的、无形的、物质的、非物质的、适用方式、风土人情、意识形态等文化属性进行分析与总结，从而对产品艺术创意进行创作。

（1）塑造产品形象造型的文化性

产品的性能、结构、材质、科技含量等元素的日趋成熟化与产品设计的同质化，愈来愈不能够满足消费者对产品个性化、多样化的需求。因此面对这样的市场形式与消费需求，利用现有的科学技术挖掘产品文化层次的潜力即突出产品的文化多样性，成为当前设计师关注的关键所在。有些设计师在产品造型艺术创意设计过程中，随着消费者消费意识的增强，消费品位的不断提升等消费文化、生活方式诸多人文因素的影响，将文化理念融入产品造型的设计策略与方法，通过塑造产品的文化性主题而建立产品的造型，使得产品具有外在造型与内在文化的统一性与鲜明性特征。例如，意大利品牌"Alessi"历年来的经典商品之———阿莱西（Alessi）❶鸟鸣壶是20世纪80年代迈克尔·格雷夫斯（Michael Graves）❷为阿莱西公司设计的第一件作品，这把水壶具有一个最突出的特征——在壶嘴处有一个色彩鲜艳的塑胶小鸟形象，当壶里的水烧开时，小鸟会发出口哨声，非常形象。格雷夫斯设计的会吹口哨的水壶，造型简洁且实用性高，配以一个坚固明亮的蓝色拱形塑料把手能够保护手不被金属把的热量烫伤，锥形壶身底部很宽，这样能够使水迅速烧开，上面的壶口也很宽，便于清洗。而壶体下缘的一圈圆点浮雕，是源自旧式壶子的铆钉概念设计。这件被认为是经典的后现代主义作品，延续了格雷夫斯设计迪斯尼乐团的风格，将可爱的梦与幻的精神在作品中完全呈现，鸟鸣壶成为至今为止的畅销产品。这充分说明，鸟鸣壶不仅将"诗意带给人们"，更让这种文化贯穿始终，成为这一个世纪的经典（图4-1）。就像马瑞佐罗·维塔在《设计的意义》一文中所说："假如设计文化意味着说明产品的文化，那么我们就很有必要去关注产品的命运。"因此，塑造产品造型的文化性的设计思想，是产品艺术创意的使命，产品只有建立人文的价值观，才能更好地满足消费者的心理需求，使产品形式具有一定的逻辑性与鲜明性。

---

❶ Alessi是一个家族姓氏，品牌也因此命名。1921年Alessi的创办人Giovanni Alessi在意大利北方的Omegna成立，自此成为艺术与品位的代名词。一家专门把黄铜和镍合金的工匠铺，转型成为一个创作工厂，发展到现在成为举世知名的品牌，Alessi作为意大利著名的设计工厂，一向注重原创性和生活品位。相信每一个社会，每一个市场，对艺术、文字、品质、美感等等的优良设计产品都有一定的需求。

❷ 美国设计师格雷夫斯（Michael Graves）是奠定后现代主义建筑设计的重要人物之一，同时也是一位工业设计师。格雷夫斯1934年生于美国印地安那州州府，1958年毕业于俄亥俄州的辛辛那提大学，获建筑学士学位，1959年在著名的哈佛大学设计研究院获硕士生学位。而后，他进入意大利罗马美利坚学院深造，获得罗马大奖。1980年8月美国艺术院在把布鲁诺纪念奖给予三十多位对艺术有贡献的人士。其中大多数是文学、美术和音乐方面的艺术家，只有一个人是设计师。这个设计师就是迈克尔·格雷夫斯。

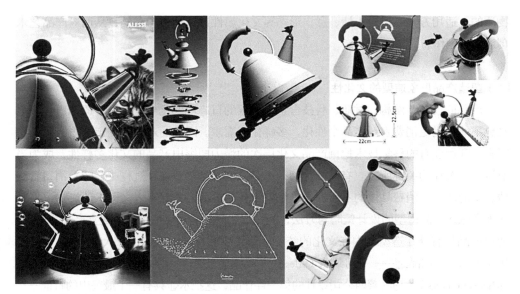

图 4-1　格雷夫斯为阿莱西公司设计的鸟鸣壶

（2）塑造产品意象造型的文化性

意象是主体心灵与宇宙万象的融合和结晶。产品的意象造型即指产品的意境，通过对物属性的外延描述产生的主观意识联想，不具备直观的形象依据。客观而言，意象造型所创造出来的形象已不再是客体本身，而是主客体融合无间的统一体，是精神的符号和情感的形式。在产品艺术创意中，把产品造型因素转化为具有文化内涵与情感效应的语义象征，从而使产品艺术创意成为文化表达与传播的载体。例如，音箱产品的色彩设计上多为黑色，是由于音乐的起源与宗教有关，它蕴含着音乐与彼岸世界、神秘世界、心灵幽深之处的对话与交流，只有从黑暗之处发生才可以给人以悠扬感、天籁感。色彩的确能够在产品艺术创意中赋予文化内涵，客观的色彩世界能引起主观心理的反应，即不同波长的光在作用于人的视觉器官产生色感的同时，必然导致某种情感的心理活动。在长期的生产实践和社会实践中，人们逐步形成了对色彩的不同理解和情感上的共鸣。不同时代、民族、地区、个人由于生活习惯、地理环境、文化教养等的区别，对色彩各有偏爱，每个人都会根据自己的喜爱和感受去评价和选择色彩，并用合乎自己审美要求的色彩去装饰衣食住行，如处于南半球的人容易接受自然的变化，喜欢强烈的鲜明色；处于北半球的人对自然的变化感觉比较迟钝，喜欢柔和暗淡的色调。意大利有位色彩学者在欧洲地区曾经做过日光测定，结果发现北欧的阳光接近于发蓝的荧光灯色，处于南欧的意大利的阳光是偏于黄色的白炽灯色。人们长期在一种光源下生活，就会产生习惯性的适应与爱好。意大利人之所以喜欢黄、红的暖色调，是由于意大利的阳光偏黄橙色；北欧人之所以喜欢青、绿色，是由于北欧的日光偏青绿色。除了产品色彩能够表达产品意象之外，产品材料也同样具有两个基本属性：一是物理属性，即产品材料表面传达给人的一种知觉系统意义信息；二是生理心理属性，即产品材料表面作用于人的触觉及视觉感官系统的刺激性所产生的信息，如粗糙—光滑，华丽—朴实，刚劲—柔和，沉重—轻巧等，在这些产品材料背后蕴含着极其深刻的象征意义。因此，在产品的视觉艺术中，产品"意象"的意义在于设计师首先赋予它一种精神或特殊观念，或将物质转化为艺术的能量，以引导消费者以此产生联想，从而满足现代社会意义的需求。在产品艺术创意中，设计师常常采用一种自然材料以增加温情脉脉的情调或自然野趣，如玉、瓷、绸、竹这些表现出具有光滑、通透、细腻、温润质感的器物使消费者产生强烈的情感共鸣。由此表明，产品艺术创意设计不仅仅依靠设计师的知识与想象，设计师在产品艺术创意设计时的文化与观念，最终来自对消费者生活方式的认知了解，受到其文化背景的深刻影响，所以产品艺术创意是文化意象物质化的过程。

4.1.3　产品的文化体验性

产品的造型是一种感官语言，产品艺术创意注重产品本身的情感特征和使用者的情感，意在传达一种非物质方面的信息。为使这种语言在产品设计中得到发挥，在追求外观造型的同时赋予产品情感色彩及文化的传达，增进使用者对产品的情感体验，使人与产品之间产生微妙的情感关系。在这个过程中来实现自我，达到追求个性化、情趣化的满足，达到人与产品之间的交互性。设计对生活方式的参与、对社会的参与、对环境的参与，以至对人本身的参与，是原初的，又是与设计品同在的，而且它的重要性会与日俱增，这是任何一个专业领域所不能及的。而设计参与唯一的直接有效方式是设计品与设计品所产生的"场"，即它的存在——关系空间，是一种积极状态的影响空间。在"人"参与进来时，这个"场"就是一个"有机场"。从文化的角度来说，文化是设计的灵魂。正如杉浦康平所说："型中注入灵，宣告充满生命的造型的产生。"

产品的意义可能具有象征性、感性、体验性等特点，它甚至代表一种观念精神。艺术创意不仅是一种编码知识，它也是一种感性、欢愉、体验的生活态度和美学。举例来说，苹果公司原总裁乔布斯非常重视产品质量，与此同时，他也不断思考如何完善产品的外包装。他之所以这么做，并非仅出于其高雅的品位，对于乔布斯而言，从包装箱中取出产品的过程是用户体验的一个重要组成部分，因此乔布斯对其进行了认真地思考和设计。乔布斯认为，产品包装有助于向消费者推介新技术，以1984年推出的第一代麦金塔电脑为例，在该电脑推出之前，从来没有人见过这样的产品。整台电脑由一种奇怪的点击装置——鼠标来控制，而不是像以往的个人电脑一样通过键盘来控制。为了让用户了解鼠标，乔布斯对鼠标进行了独立包装。这种设计迫使消费者打开鼠标的包装——拿起鼠标并将其插入接口，这时的消费者开始尝试体验使用鼠标。到了1998年iMac的产品问世，此产品包装设计使消费者很容易就可以将电脑接入网络，包装箱内的防震隔热泡沫的设计也很有创意，上面设有一个凹槽，精巧的产品使用说明就嵌在其中。乔布斯认真地为苹果公司的每一个产品设计了这一"拆包程序"，从而达到用户体验过程的趣味性。至今为止苹果公司在设计产品包装时依然还是用最初的这些理念。埃弗在1999年就iMac的包装接受Fast Company杂志采访时说："我们包装设计的一项任务就是让产品把手成为打开包装箱时首先看到的部分。我们的理念是，顾客从包装箱中拿出第一块泡沫后，顾客就会看到产品的把手；看到把手后，自然知道接下来该做什么。把手拥有神奇魔力：出现把手，顾客就知道它们是干什么用的。从包装箱中拿出iMac后，顾客就能够将附件箱打开，附件箱内有一根电线，一根网线，还有一根键盘连接线，看到这些就能清楚地知道下一步该做什么。"这就意味着，消费者在使用这个产品时从情感上和行为上或多或少接受了这个产品所承载的生活方式。从心理学的角度看，这种行为既满足消费者对产品功能的需求，也是出于潜意识的本能欲望、释放一种心理压力、获得某种心理补偿，从而进行一种产品的文化性体验。每一代iPhone最显著的变化就是其拥有颠覆性的工业设计，给用户带来的不仅是感官上的，更有触觉上的创新。iPhone4的外壳由三部分构成：两块光滑坚固的玻璃外壳和一个不锈钢的侧边。从材质上面来看，这就是史无前例的创新——9.3毫米的厚度挑战目前产品制造工艺的极限。质感、简约的外观体现了苹果高端、时尚的品牌内涵。iPhone4带给消费者的体验可总结如下：感官体验——产品的外形（包括形状、色彩、质地、手感）——玻璃材质；使用体验——产品的功能、性能和可用性——操作方便；社会价值体验——满足感和自我价值的认同——高端、时尚的符号。如今消费时代的转变，消费者不仅仅只追求产品的品质及感性，与此同时，他们希望能够从产品中塑造感官体验与思维认同。因此，以产品的质量及性能为基础，针对消费者的心理感受增强文化体验性的附加值，借由产品体验的模式以体验文化，用于培养消费者对产品长期的精神依赖。产品文化上的最大价值在于产品能够与消费者进行心灵上的沟通与交流，不断从趋势上满足消费者的心理诉求。当我们坐在星巴克咖啡馆品尝一杯咖啡的时候是一种文化体验，而不仅仅是喝一杯咖啡，这种体验代表了一种浪漫和时尚的都市生活，一种美式生活的体验。诸如这种文化体验还很多，往往在产品艺术创意中体现出来，比如苹果电脑带给我们的文化体验是不拘小节的叛逆和追求完美的创新；百威啤酒则带给我们具有男子气的放松和传统美式生活的享受；麦当劳体现的是和善包容的家庭氛围和愉快有趣的体验；耐克则表现出时尚活力又极具自我表现力的运动激情。由此可见，这种基于功能性诉求的情感表达方式，形成消费者对产品的一种精神体验和审美愉悦，恰恰是这些看似虚无的东西，成为产品艺术创意的核心部分。

4.2 民族的就是世界的

4.2.1 "民族的就是世界的"是一种文化的体现

（1）民族与文化

民族文化通俗来说是指人们的创造物从过去一直延续下来的东西，包括精神文化、物质文化及制度文化。这种代代相传的东西表现在造物中，形成了共同的心态与风格。"民族的就是世界的"这个观点是由鲁迅先生在《且介亭杂文集》中提出的："只有民族的，才是世界的。"斯大林对民族定义为，"民族是人们在历史上形成的一个有共同语言、共同地域、共同经济生活以及表现于共同文化上的共同心理素质的稳定的共同体"。所以，"民族的就是世界的"是一个文化的范畴。民族与人种不同，是经过漫长的历史沉淀所形成的社会统一体，是由于不同地域的各种族（或部落）在经济生活、语言文字、生活习惯和历史发展上的不同而形成的。因此，我们认为，由于民族风俗、地域环境、风土人情、历史文脉、宗教信仰、审美取向等不同，民族文化也表现出不同的、特有的文化形式。而这种特有的文化形式的形成同样也离不开艺术、文学这些形式因素的影响，它们都是民族传统、民族精神、民族心理与民族审美观念等文化背景的反映。如希腊的卫城、罗马的斗兽场、埃及的金字塔、中国的万里长城等这些人类宝贵的民族财富拥有着漫长的历史及丰富的文化内涵。

（2）民族文化的多样性

民族地域特征具有鲜明的文化烙印，文化的差异性与多样性也渗透着一个民族的各个领域，不同的民族拥有着不同的文化表达方式，城市作为人类文化的载体，其面貌是一个地区的民族特征、地方特征和文化传统最直观的反映，而城市的色彩无疑是其中最为重要的信息之一。城市色彩是在这个民族地域特色中形成的，每一个城市都有着一个固定的民族地域颜色，城市色彩中的文化地域信息要素也在一定程度上影响了这个城市的建筑色彩风格等。例如法国巴黎作为世界文化名城，拥有1500多年的悠久建城历史（508年建都）。妩媚多姿的塞纳河风光、庄严神圣的巴黎圣母院、举世闻名的艺术宫殿卢浮宫、充满摩登格调的香榭丽舍大道、雄伟壮观的凯旋门、标志性建筑埃菲尔铁塔，以及那些经过岁月的洗礼，和承载着法兰西文化的古老建筑墙体表面的颜色，都能体现这个民族的文化内涵。巴黎由新、旧两个城区组成，老城区以具有上千年历史的古老建筑为主。在色彩建设上，由城市色彩规划部门统一指挥，除个别现代建筑，如蓬皮杜中心、埃菲尔铁塔等之外，建筑物墙体表面基本是由亮丽而高雅的奶酪色为主调，建筑物的屋顶主要由深灰色涂饰。一些新式建筑被涂饰为灰色调或利用自身材料颜色形成建筑外观色彩。因此，深灰色和奶酪色就成了巴黎的标志性色彩。这样的建筑尽管常常造型与众不同但在色彩上却是能够与四周的环境色彩做到既区别又统一，这也是巴黎建筑色彩应用的一个特色。巴黎城市的色彩文脉的形成可以从当地民族地域的角度来理解，巴黎城市本身处于巴黎盆地中央，属温和的海洋性气候，夏无酷暑，冬无严寒，常年阴雨连绵，所以选用光感十足的奶酪色再合适不过。

在历史上，北京的城市色彩文脉一直具有较好的延续性，直至今天北京核心区域的传统色彩肌理还依稀可见，官式建筑和宗教建筑采用皇家的黄瓦红墙，民居建筑以灰墙灰瓦赭门为主调，兼施少许彩绘。在含蓄细腻灰色调的民居烘托下，彩色的官家社庙建筑更加灿烂，京城一望无际的青灰瓦房烘托着一座巍峨的黄瓦红墙沥金彩绘的紫禁城与水墨江南的粉墙黛瓦、上海红砖灰石砌成的石库门群、青岛的赤瓦洋房等形成鲜明的对比。这些"特征色"不仅反映了建城的历史，更呈现了当地特有的民族文化特征。所以，城市色彩注重历史文脉的延续性原则，包含民风民俗、宗教礼仪、戏剧文学等因素。城市色彩从传统文化中提取出具有典型意义的本地区、本民族色彩文化传统。同时，更重要的是能够借此弘扬民族文化，以及展示本民族独特的色彩意韵。因此，几千年来，不同的民族，不同的地理环境造就了不同的文化。那么，不同的民族、不同时代的产品设计也蕴藏着不同的民族心理、民族性格等民族文化。

（3）民族文化与产品艺术创意

作为一门艺术，产品创意设计亦是如此，产品设计民族性首先体现在艺术民族性的内涵，即运用本民族的独特的艺术形式、艺术手法来反映生活，使艺术作品有民族气派和民族风格。对于一个民族来说文化的缺失是可悲的，失去了文化的内涵，产品设计也将是苍白无意义的。当然，民族文化对产品自身的发展起着制约的作用，就拿汽车的方向盘来说，当世界上第一辆汽车生产出来的时候，方向盘位置是在汽车前面的中央处，后来考虑到人们在日常生活和工作学习中用右手的习惯，而且在当时的社会历史发展背景中，拥有汽车的人都是些达官贵族，他们会选择雇司机给自己开车，为了方便给主人开启车门，于是在最早的欧洲，设计师便将方向盘设计在了右侧。但是，这种右驾右行的行车方式却常常因为驾驶员在超车时视线受阻而发生交通事故。为此，汽车制造商们对原来的车进行改良设计了左驾车。1927年，欧洲达成左驾车须靠右行驶的行车规则。尽管这个准则在全世界范围内得到了普遍的应用并延续至今，但在英联邦国家情况却恰恰相反，到目前为止这些国家仍然保持着右驾左行的特别传统。这的确是一个很奇妙的现象，可这也恰恰印证了英国文化中固执的贵族气息。在中古时期的英国，以名誉为第一生命的骑士上马决生死时，往往是右手持着武器，所以马匹必须靠左走，才能准确地刺向敌人。这样不断地练习和比武，使骑士养成靠左行的习惯，久而久之，朝野蔚然成风。当骏马换成汽车时，现代的英国人仍然沿用右驾左行的传统，并将之带到世界各处的殖民地。当英国人固执地保持着自己的习惯时，我们似乎可以看到，在英国汽车文化中最重要的继承实际上是骑士文化的一种延续。可见文化往往就是流淌在一个民族血液中的观念，那是一个民族与生俱来的天性与习惯。当英国的劳斯莱斯行驶在大街上，那浑圆的带有贵族风度的庄重外形和考究的内饰，都可以让人体会到"贵族"两个字最现实的民族文化内涵。当我们坐在做工精良、线条挺拔有力的德国宝马汽车里时，体验的又是另一种严谨、固执和一丝不苟的精神。由此可以看出，德意志民族的设计以严谨与冷静著称；意大利设计以热情闻名；日本设计以优雅精致见长；而商业文化极其浓烈的美国，设计的内涵更具有商业性。由于美国是一个移民国家，只有200年的历史，短暂的历史使它既没有自身的民族文化可继承也无需背负历史的包袱。各民族共存的竞争使其具有较大的包容性，成为功利主义、实用主义及商业主义的代表。因此，美国的产品设计从一开始就显示其强烈的商业色彩，很少考虑设计的哲学与理论等，正如美国享有盛誉的设计师雷蒙·罗维所说的："最美丽的曲线就是销售上升的曲线。""每当人们谈论设计的诚挚性时，我更加关心我的汤勺"，因此出现了"计划废止制"的汽车产品设计模式。由此表明，各个民族的产品设计代表了不同的文化，文化的多样性造就了设计的多样性，设计师给民族文化这个无形的品质以有形的表达，才使设计拥有本民族深厚的文化内涵。我们只有充分认识和了解文化内涵，才能更好地体现产品民族文化；只有深入研究文化，才能更好地创造一个充满民族特有的文化及风格内涵的产品。

—— Q7 ——

什么是"计划废止制"？这种制度或模式能否引入其他门类产品设计？

4.2.2 产品艺术创意中民族文化的传承与发展

(1) 文化的传播与推广

只有重视本土文化才是发展本民族产品艺术创新的关键。文化的传播与推广，能够让民族的就是世界的，而科学技术则是当今社会传播和推广民族文化的"第一生产力"，随着后技术时代中各种数字技术的飞速发展，新的传媒形式的变化，MP3、电视、互联网等媒介的出现，让世界各地的民族艺术一夜之间家喻户晓。只要我们愿意，随时都可以通过各种媒介来了解我们想要知道的东西，尤其是互联网的诞生，更是让民族和世界的距离近在咫尺。正如麦克卢汉（Marshall McLuhan）在肯定电视威力时首次提出了"地球村"的概念，在他看来电视就是"地球村"得以成为现实的技术手段，如今地球变得越来越小了。不仅在经济上，而且在文化的传播与推广上也愈来愈成熟化、快捷化、虚拟化。在日常生活中，手机已经成为人们生活的一部分，当号称"第五媒体"的手机引导着新的传媒形式时，人们可以方便、快捷地利用这个媒体使互动的"地球村"变成了移动的"地球村"，由此看出，手机媒体完美地诠释并助推了文化的传播与推广，使文化范式发生剧烈改变，甚至由此带来一个全新的文化时代。

另一方面，在21世纪世界经济全球化、政治多极化、科技信息化、文化多元化的日益发展背景下，世界各国、各民族的相互联系、相互依赖、相互合作共同发展的局势与程度不断加深，导致社会的发展将整个世界紧紧地联系在一起。无论是发达国家、发展中国家还是不发达国家要进步要发展，都必须在这一局势中趋利避害，就必须积极寻求与其他国家之间的交往交流与合作以求得自己的发展。在经济全球化的背景下，经济全球化必然促进全球性的文化大交流，西方国家逐步提出了艺术的全球化与世界化。艺术作为民族的一种文化象征，已经面临着其民族性与世界性的双重选择，因此，产品艺术创意个性的强调是十分必要的，而产品艺术的世界性不是简单的类似于经济全球化的趋向，而是在保证民族性充分得到肯定与张扬的前提下的一种艺术规律的共性。由此表明，各民族之间的经济与文化的交流也同样促使了该民族文化的传播与推广。让世界文化走向统一的全球文化，使其不再具有区域文化的狭隘性，变得更加丰富多彩，这就是文化样式、内容的多元化。由此可知，产品艺术创意的最终发展目标、最基本内容还是产品艺术的民族性的发扬与传播。只有强调其民族性才有出路，才不会被趋同，将民族艺术产品创意走向世界。

(2) 民族文化心理需求——文化记忆

民族文化影响着产品艺术创意，而人们在使用产品时，同时也在感受着文化相似的心理体验。民族文化和审美心理作为产品的内在因素，决定了产品艺术创意中产品形式结构与传统风格。在产品艺术创意中，产品的社会属性反映该民族的精神生活，与该民族的社会价值、文化价值、心理价值有着密不可分的联系。附加于产品中的一系列价值的凸显，也成为消费者在群体环境下建构个体差异，昭示个性魅力的重要手段。在人与产品之间的交往互动下，才能构成理想的生活方式，每个民族都有自我实现的愿望和诉求，都在用自己的方式去表达自己，以产品设计为载体传达本民族的文化，即借助有形的实体表达民族识别要求、寻求民族认同感及潜藏在人们内心的一种文化记忆❶。这种文化记忆是一个民族文化拥有的共同记忆，它蕴藏于无处不在的产品设计之中。从产品文化记忆的维度从而衍伸出产品的符号记忆、怀旧记忆与品牌文化等记忆价值。例如，近几年来我国"国货回潮"❷现象的兴起，"经典国货"❸的复苏与流行，使这些 80 年代的"经典国货"重新进入了我们的视线与生活中，当我们再次审视这些"经典国货"时，它们已经悄然地转变成了另一种特殊的时代符号，一种代表一个民族特定时代的民族文化记忆，它映射出那一时期中国的社会状态及大众的生活体验，展现了那个时代中华民族追求实用、朴素的设计智慧和具有中国特色的设计风格。"国货"所经历的由兴起、消失再到现在的回潮，并不仅仅在于民族意识与民族怀旧心理，其"再生"更在于它所具有的独特的文化记忆价值和固有的设计价值。所以，文化记忆是民族文化延续的根本，无论是经典国货所蕴含的文化记忆价值还是其固有的设计价值，都对产品艺术创意民族文化的传承与发展具有很好的促进作用。

4.2.3　产品艺术创意民族文化的方法与策略

（1）复古"风格再现"的创新设计

随着社会文明的不断提高，当今越来越多的设计师意识到了在设计中民族文化含量的重要价值，设计中必须融入民族文化性内涵才能获得更好的经济效益，在国际化设计

---

❶ 德国的埃及学研究者扬·阿斯曼提出"文化记忆"的概念：它是"每个社会和每个时代所特有的重新使用的全部文字材料、图片和礼仪仪式的总和。通过对它们的'呵护'，每个社会和每个时代巩固和传达着自己的自我形象。它是一种集体使用的，主要（但不仅仅）涉及过去的知识，一个群体的认同性和独特性的意识就依靠这种知识。"（韦尔策.社会记忆：历史、回忆、传承[M].季斌，王立君，白锡堃，译.北京：北京大学出版社，2007.）

❷ "国货"是中华民族特定时期的工业产物，一般多指人们日常必需的吃穿用，它包括了本国生产制造的物品以及民族品牌。蕴含了人们特定时代生活的印记，见证了中国特殊历史时期的文化，同时也记忆着中国民族的个性。

❸ "经典国货"则是指那些最具代表性的、人们记忆中最深刻的、体现着建国后中国设计制造特色与工艺的"老物件"。

中有自己的立足之地。当然，产品艺术创意中的民族文化性概念并不等于民族化，也不是传统符号的简单套用与照搬，而是将民族文化的"精髓"提取，在产品中表现其精神与内涵。设计师将民族文化融入创意产品来关注历史风格样式，选择性地继承与发扬前代产品特征，同时加入个人诠释予以变化，从而赋予设计新生命来适应新的时代与环境。风格再现是设计中产品民族文化性的主要表现形式，其创意思考和方法探讨可为设计师提供参考依据，以运用到各类产品设计的创作实务之中。

因此，产品艺术创意既要满足精神需求，又要吸引消费者的消费欲望，而民族文化既是特色，又具有认同感。民族文化对产品艺术创意有着很好的启示作用，继承与发展一切优秀的民族文化是产品艺术创意的前提。

（2）吸取民族精神为创意理念

改革开放三十多年来，中国以举世瞩目的发展成就不仅赢得了世人的关注与尊重，也唤醒了世人对中国传统文化的思考和重视。中国早在春秋战国时期就对器物的设计创造了很多具有深远价值的思想。例如，墨子的"非乐、节用"的思想——阐明了对器物的设计不能过于繁杂；庄子的"返璞归真"的思想——论述了产品生态自然、绿色设计的思想；韩非子的"物以致用"的思想——强调了器物的使用功能最大化的思想等。虽然这些古代的造物思想在当时没有针对产品的设计提出，但对于现在的产品艺术创意设计的影响却是巨大的。其中儒家思想的影响较为深刻，儒家民族文化"和"的哲学思想，其精神就体现在包容性与和谐性上，然而包容性必然衍生多样性。因此，在历史作品中我们可以看出这种含蓄的文化特色。把"和"的观念应用于产品设计之中，就是要体现产品形式、功能的协调结合与产品造型的多样性，体现在人与自然、社会的和谐统一，表现在造物思维上就是"形式表达情感"的设计理念。中国传统文化中具有质朴的情怀、博大、华丽的气质，它体现着中华民族不同时期的心理特征和审美情趣，其民族精神我们可以从中分解、提炼出本民族文化元素，进而与现代产品艺术创意相结合，创造出符合人类理想的诗意产品来。它是我们创造出具有鲜明时代性和国际性的现代产品方式之一。另一方面，中国古代思想家把"象"与"物"加以区别，在审美活动中我们面对的不是"物"，而是"象"，即所谓物质上的形式，精神上的意义。在中国传统美学上认为，审美活动就是在物理世界之外构建一个情景交融的意象世界，即所谓"一草一树，一丘一壑，皆灵想之独辟，总非人间所有"。

（3）民族符号的运用

中国民族文化符号与现代产品设计相结合的设计手法也是产品创意设计的一种表现方

式，文化记忆的理论告诉人们文化必须借助于符号才能保留、加工和生产，在产品艺术创意中，产品设计时对民族文化符号的提取和使用应该在深入理解其寓意的前提下，用现代审美眼光，充分考虑社会与消费者的认知度，重新定位，将往日的文化记忆与人们当下的生活相融合，经过对文化符号抽象、重构、置换等方法合理地创新设计，加强社会认同感和归属感，使其融入现代生活与文化中，并通过产品艺术创意寻找出新的表现形式和意义。例如，香港 G.O.D 品牌的创意产品设计，从文化记忆符号中寻找设计灵感，设计师以香港的本土传统民族文化为元素进行设计，其产品艺术创意中产品设计所提取的民族文化符号都是人们记忆中最深刻的一些民族文化象征符号，通过借助视觉化的设计，使产品传达出一种传统的民族文化语言。G.O.D 公司借助中国民族文化符号"囍"字为元素所设计的旅行包（图 4-2），色彩上以代表中国节日喜庆的红色为主调，造型上采用 70 年代最流行的人造革手提大旅行包外形，通过单线勾勒的简洁表现手法，文字符号与色彩符号的相互结合，适度地保留了其视觉记忆元素，考虑设计的功能与实用，唤起人们对往日出嫁情景的一种记忆与憧憬，让创意产品设计语言更多地传达给人们代表民族个性的情感与记忆。

  象征性是民族符号的意义所在，设计是一种物化的过程，民族文化是抽象的，只能借助各种形式表达、强化并发展其内涵，赋予其丰富的外在表象与形式。产品艺术创意的关键是体现其内涵与价值取向。如牡丹、梅花、菊花、石榴、桃花、荷花、兰花、桂花等等，它们一旦在一定的民族生活中被赋予文化释解的信息并形成传统，就能超越单纯物态的性质，带上理念、情感、品质成为主体的思想与人性的延伸，以象征的方式传导着吉祥的意义。例如，2008 年方正推出的卓越 2008、卓越 i500 电脑就分别以中国红、牡丹、兰花的图案运用在产品造型中，吸引了大量消费者。其中卓越 i500 采用经典的君子兰图案设计，把它印在台式机的机箱前滑盖处，借助兰花的清幽彰显出电脑高雅大方的品质，给人以高洁、清雅的优美形象。把它放在书房，伴君读书，顿觉满室生香；把它放在卧房，睡前不经意撇见兰花，顿觉清爽（图 4-3）。2008 年北京举办奥运会的同时，

图 4-2　香港 G.O.D 公司设计的旅行包

图 4-3 2008 年方正推出的卓越 2008、卓越 i500 电脑

图 4-4 2008 年联想公司设计的"奥运会火炬典藏版"笔记本电脑

联想公司设计了一款"奥运会火炬典藏版"笔记本电脑，产品的外观以象征中国印象的"中国红"为主色彩，图案以传统符号"祥云"纹样与 2008 年奥运火炬标志交相辉映，传达着吉祥的中国传统文化内涵。在材质上采用仿漆盒工艺，更凸显了高贵典雅的品质，同时也体现了 2008 年北京奥运会的精神内涵。这款笔记本设计灵感来自汉代漆器的经典色彩与工艺制作，电脑操作界面以深色、覆有织锦式吉祥云纹的设计组成，赋予使用者在使用过程更为舒适、体贴、专注的享受。这款"奥运会火炬典藏版"笔记本电脑将中国文化融入奥林匹克精神，传统符号与色彩的经典运用，也掀起一场奥运纪念品收藏热潮（图 4-4）。

在形态上运用中国传统民族符号的设计案例还有很多，例如 TCL 推出一款由意大利设计师设计的"旗袍"系列手机，以中国古典民俗的旗袍元素为核心，将设计灵感扩散到中国传统符号如灯笼、折扇、中国结、窗棂、丝绸等中国元素，手机的背面采用旗袍的盘扣式样，很有创意（图 4-5）。由此看出，中国的传统符号不仅在国内应用广泛，在国外的设计中也备受推崇，这也说明了"民族的就是世界的"，中国文化在世界文化中越来越重要。

由此可见，中国传统文化应用于产品艺术创意不是刻意的简单的表面堆砌，也不是泛滥地使用传统文化，而是从符号学的角度出发，在认识和了解传统文化符号的基础上

图 4-5 TCL 设计的"旗袍"系列手机

对其进行挖掘、变化与改造,再把传统文化符号结合产品的特点和功能,提炼出民族文化的精髓和核心内容,从而进行创作。我国的产品设计亟须走出模仿和抄袭,用设计来传承与发扬传统文化,只有这样,我国产品艺术创意才能真正走向世界。

4.3 品牌与品牌形象

4.3.1 品牌与设计

(1) 品牌的定义及意义

品牌(Brand)一词来源于古斯堪的纳维亚的 brandr,意思是"燃烧"。它指生产者燃烧他们的产品标志(或品牌)的做法。意大利是最早使用品牌的国家,在 13 世纪以水印纸的形式出现。《韦伯斯特词典》中对"品牌"的定义是:"由热铁烙成的印记,如烙在动物身上表示所有权,或者印在包装容器表面以表明内容物的品质制造等;用任何其他方式制成的类似身份标志,如商标。因此,品质、等级或者成分等都可以成为认定优秀产品品牌的标志。"由此表明,品牌是以各种身份和方式提供的产品、服务、概念所特定的名称、标记、术语、象征、符号、感觉,或独特的含义、形态、设计以及它们的组合。"品牌"指的是产品或服务的象征。而符号性的识别标记,指的是"商标",因此"品牌"不是"商标"。品牌包括产品、企业文化以及服务。品牌是产品或企业区别于其他产品或企业的一种标志,对消费者来说,它是质量与信誉的保证,对企业而言,它是潜在的市场竞争力与获利能力。

通常品牌是由各种元素组成，如："名称"（包含字或词用来识别公司、产品和服务）、"标志"（视觉商标标识的品牌）、"标语或口号""形状"（如一瓶可口可乐和大众甲壳虫的独特的形状同样也是品牌的商标元素）、"颜色""声音"（如美国全国广播公司NBC 的编钟）、"香味"（如玫瑰，茉莉，麝香的气味是香奈儿5号的香水品牌）、"口味"（如肯德基已注册商标，有 11 种药草和香料炸鸡的特殊配方）、"动作"（如兰博基尼独树一帜可以向上开启的车门）。品牌元素只是品牌的一部分，是品牌可见的载体部分。品牌还必须通过消费者的体验与评价，建立在品牌文化基础上，以消费者的认可为准。品牌以文字、图案、符号、产品外形和功能为载体，将其内涵与功能直接表现出来，如劳力士、迪士尼、奔驰、可口可乐、索尼等品牌，其中可口可乐的斯宾塞体文字和红色图案，以及特别的瓶型设计，给人们留下鲜活的印象。因此，品牌是一个全方位的构架（图 4-6）。

（2）产品创意设计与品牌塑造

产品是企业和品牌发展的基础，如果离开了产品，品牌就成了一个空壳。产品与品牌之间的联系是以产品设计的形式作为媒介表现出来的，成功品牌的产品往往都是以创意设计、提升品牌内涵为目的的产品艺术设计。产品创意设计可以通过以产品使用方式的连续性、协调性和多样性以及产品符号形态的统一性、使用方式的统一性来进行品牌塑造。

在大工业标准化批量生产的时代，人们更追求和寻找个性化、有创意的产品来满足自我个性，有创意、有个性的产品能够被消费者选择，因此产品艺术创意是品牌塑造的

图 4-6　世界著名品牌 LOGO

图 4-7　苹果 iPod 播放器、苹果 iMac 电脑

基础。例如苹果公司设计了一款具有全新理念的个性化苹果 iMac 电脑，打破传统观念，将电脑原本分离的主机、显示器及音响三个部分融为一体，并摒弃了传统的黑色或白色电脑外壳，取而代之的是以 5 种颜色的半透明状彩色外壳。尽管苹果电脑在产品硬件上并无超人之处，其价格比同性能电脑要高出数百美元，但是产品推出市场后，却受到极大的追捧。苹果公司在近十年的产品开发研制过程中，不断地推出既有创意，但又具有企业文化特点的产品（图 4-7）。经过分析，苹果公司贯彻企业产品设计文化的统一性，以成功的个性化创意化产品设计为核心，进行发散研发，通过统一的企业设计文化特色，体现企业的价值，加深消费者对品牌印象的认知度，从而增强了市场竞争力。因此，产品艺术创意可以为品牌的塑造提供指导。产品艺术创意不仅仅指产品在外形设计上个性鲜明、新颖独特，在产品功能设计与技术方面也是推陈出新、独一无二的。成功的创意产品，功能上的更新一定需要优越的技术顾问，产品开发出来的创新技术也是产品品牌的保证。

Q8
试进行苹果公司新一代产品设计。

4.3.2　品牌与文化

（1）文化是品牌战略的根基

产品艺术创意在产品与品牌的合作中，以及与文化的相互融合、影响中。品牌生命的基础是品牌文化，品牌的生命动力与持久力也来自于品牌文化的内涵，而品牌文化是产品文化内涵的体现。产品不仅能够带给消费者物质享受，还能带给消费者精神上的满足，因此产品文化推动与引导着消费者对产品品牌的追求与忠诚度。随着后技术时代的发展，产品的造型、功能、技术与服务逐渐趋同化，产品只有通过品牌得以区别，也就是说那些具有特定文化内涵的品牌才会得到人们的关注与青睐。著名品牌专家杰斯帕·昆德（Jesper Kunde）说："在今后，仅销售好的产品是远远不够的，只有那些抢占了最强有力和最卓越的价值定位的品牌才是真正的赢家。"品牌的价值可以决定消费者是否愿意花钱购买这个产品，对于消费者而言，品牌的价值不仅包括产品的使用价值，还包括品牌带来的精神价值和文化价值。一个品牌、产品的使用价值可以改变，但是产品的精神与文化价值不会改变。它是由消费者赋予的，是消费者内心独特的精神体验的支撑。品牌只有对消费者产生了精神价值，才能成为品牌资产。这种精神价值的基础，就是每个品牌独特的文化。如丹麦的 B&O 品牌文化为"简单、品味"；芬兰诺基亚——时尚与科技；荷兰飞利浦公司——以人为本；美国 IBM 公司——质量和信任；美国苹果公司——个性，风格，品味；美国微软公司——普通市民，商界；日本索尼公司——技术以及过程的细节。由此表明，品牌是通过有形的产品与无形的文化价值来满足消费者精神与物质的追求，使自己的产品与其他品牌区分开，进而形成自己独特的品牌形象和文化。

（2）产品文化与品牌塑造

国际知名品牌的塑造除了通过好的产品设计外还需要好的产品文化的打造来实现。产品品牌文化可以使消费者心理上获得巨大的认同，无形中创造了消费者的消费需求，也同样是企业文化的一种体现。品牌文化形象可以使品牌超越简单的符号特征而传达出更多的内容，每一个品牌都折射出一定文化内涵与文化追求，这种文化形象在一定程度上对消费者起到一定的隐喻与暗示作用。例如创始于 1854 年的著名奢侈品牌路易·威登（Louis Vuitton）的品牌文化以精致、品质、舒适的"旅行哲学"广受推崇。整整一个世纪过去了，印有 LV 标志这一独特图案的交织字母帆布包，伴随着丰富的传奇色彩和典雅的设计而成为时尚的经典。100 年来，世界经历了很多变化，人们的追求和审美观念也随之而改变，但路易·威登的品牌价值在消费者心中不但声誉卓然，而且一直保持着无与伦比的魅力。消费者心中 LV 品牌价值远远超出价格本身的价值，它带给人们的是"全球顶尖设计师设计""时尚""限量发售""珍藏""奢侈""上流社会"等增值元素，也成为消费者心中的精神价值。

同样，创始于 1921 年世界上最著名的香水——"香奈儿 5 号"（Chanel No.5）也成为世界经典，还成为纽约大都会博物馆的藏品（图 4-8），直到今天，依然稳坐世界香水销售冠军的宝座。香奈儿 5 号的成功是其品牌文化的另一种表现，以女性的勇敢与大胆，追求个性，完全打破传统精神为宗旨的香奈儿品牌文化，赢得了许多女性的青睐。在这款香水中传达出的文化足以让更多消费者通过拥有它而实现自己的个性。香奈儿品牌文化崇尚简洁之美，因此这款香水包装上以长方体附以简单直线条的香水瓶，配以宝石切割般形态的瓶盖，用"CHANEL"和"N° 5"之黑色字体呈现于白底标签上，看起来活像一瓶药罐子的香水，使它完全独立于高档香水之林，表达出一种"简单奢侈品"的审美理念。除此之外，香奈尔5号香水的独特在于，除了它是香奈尔夫人的第一支香水作品、是第一支以号码命名的

图4-8　香奈儿5号香水

香水、是第一瓶产生于服装设计师的传统产品之外的作品，它还是一瓶不试图重现花香的香水。当其他高档香水品牌都一窝蜂地追求真实鲜花香味的时候，香奈儿5号香水反其道而行之，不试图重现鲜花香味的同时又使香味变得美轮美奂、魔幻诱人，从而轻而易举地击中了目标消费者求异的购物与享受心理。它的成功也是由艺术创意的工作渗透其中的。因此，借助产品设计与品牌文化使品牌形象得以确立，使品牌个性得以显现，从而使产品艺术创意成为品牌整体的一部分，成为塑造品牌的主要手段和重要组成要素。

4.3.3　品牌创意设计

成功品牌的产品设计往往都是以创造新的生活方式、提升品牌内涵为目的的产品创意设计。近几年来，源自日本的设计品牌"无印良品（MUJI）"以"物有所值"的理念为消费者设计了一批包装简洁的无品牌产品，受到了消费者的青睐。

（1）无印良品的"无品牌"创意

创始于20世纪80年代的"无印良品（MUJI）"，日文中"MUJI（无印）"在日文中指没有花纹装饰，无品牌之意。"良品"即意为质量上乘的产品。无印良品以"反品牌、反奢华、物有所值"为口号，拒绝让设计师的名字代替自己的品牌，倚重着顶尖设计师的个人能力，譬如田中一光、山木贵志、小池一子、原研哉，设计出物美价廉却不缺艺术创意的产品。无印良品是隶属于这个消费时代的一个消费品牌，只不过无印良品将品牌产品的生产、制作工序彻底简单化，从而生产出质朴、简洁，但饱含生活美感的产品。

（2）品牌创意设计理念

　　无印良品是一个极简主义美学和以朴实哲学为主的品牌。在设计中，极简主义设计风格的结构、色彩、材料构成了无印良品产品视觉识别的内在统一性，并在视觉上也有着风格化和形象化的设计特征。设计师不断地运用减法，拿掉商标、去除一切不必要的加工和颜色、包装简单到只剩下素材和功能本身，即活用素材本身的优良性制作各种产品。从而倡导人们去欣赏原始素材和质料的美感。在这个浮华夸张、物欲横流的时代中，对于厌烦了追求名牌和奢华生活的人们来说，无印良品的主张令人有一种耳目一新的感受。作为无标品牌的优质生活代言，无印良品代表了一种生活态度。简单、朴实、自然、富有质感，不追求所谓的流行，也不标榜所谓的自我优越性。所展现的是一种低调的生活品质，及接近自然的生活姿态。无印良品以无品牌标识以及纯粹的功能主义为设计的出发点，创造了独树一帜、特色鲜明的品牌视觉识别语言。"无品牌"并不意味着没有核心的识别体系，而是把产品本身作为一种最为重要的且与其设计理念和价值相得益彰的品牌识别要素进行了放大。

（3）品牌创意设计方法

　　无印良品的产品虽然没有统一的标志，但在长期的品牌推广与顾客的潜意识中，"无印良品（MUJI）"的字体符号就是最好的标志和形象识别（图4-9）。在产品的包装上，无印良品的很多日用品多采用统一、简单的打包方式，透明或半透明的绿色环保可降解塑料包装将商品的内容直接显现出来，包装可谓简约到极致。整体风格以自然、无印、简约无华为主调，其色彩以灰色为主，除了红色的"无印良品（MUJI）"的字体以外，几乎看不到任何鲜艳的颜色。这个同样也运用在产品设计上，无印良品生产出的产品色调以清爽宜人的米色、优雅大气的驼色、干净淡泊的蓝灰色、经典高贵的黑色为主。而在衣着布料的选择上也以亚麻等舒适、淡雅的材质为主，凡此种种设计方法都为形成所谓的"无印良品"生活哲学奠定了外部基础，将其展现出原生态的设计理念。

　　由此可见，日用品牌"无印良品（MUJI）"是一个融合东方哲学思想的当代极简主义代表，以没有商标、回归本质的环保设计理念，成为世界品牌的佼佼者，也成为产品艺术创意的典范。它的极简主义创意风格让各个国家的人们为之倾心，无印良品的创意理念为"NO DESIGN"，但实际上所传达的是一种"看不到设计"的设计思想。作为无标签的优质生活象征，无印良品代表了一种生活品质和态度，关注日常生活是无印良品设计的创意所在。在无印良品的艺术创意产品中，可以发现其"包装的简略"成为"无印"的一大特色，也成为了一个极简主义标签。

图 4-9　无印良品的品牌标志

因此，品牌是产品功能性价值和消费者情感性价值的综合体现，成功品牌的产品设计往往都是以创造新的生活方式、提升品牌内涵为目的的产品创意设计。无印良品不光把"无品牌"的品牌理念提供给消费者，具有创意的产品设计体现对简约、环保、意境和设计感的追求，更是在推行一种充满设计灵感的生活方式。

第 5 章

产品艺术创意的发展

5.1 产品艺术创意未来发展路径

5.1.1 构建产品艺术创意生态系统模式

基于产品系统设计方法论,树立产品艺术创意的系统观,构建"产品艺术创意创新生态系统"(ecosystem of products artistic creativity,EPAC)分析模式,以生态系统的设计思想和方法解决产品艺术创意过程中遇到的问题,综合分析和认识产品艺术创意设计的各种因素,对产品艺术创意具有很好的指导作用。EPAC 模式是产品艺术创意中产品的"创新主体—创新因子—创新环境"之间相互发展的一种生态模式,用以分析产品艺术创意发展的影响因素,以及衡量产品艺术创意发展的深度与广度,以利于设计师、生产者、消费者形成对于创意产品的一种评判标准。艺术创意生态系统强调创新因素及关系的整体性、综合性和最优化,也要求设计师把理性、系统的方法与感性、直觉的灵感思维有机地结合起来。

(1)系统化的设计观构建产品艺术创意生态系统
　① 系统化的设计观
　信息化社会的产品设计环境与传统社会已有很大的不同,制约产品艺术创意的要素较传统社会大为复杂。除传统的功能要素、技术要素、美学要素外,还应包括信息社会所要求涉及的"人(消费者)—机(产品)—环境(社会环境与生活环境)"

因素等，并要求对传统的设计与创新要素的内涵及相互关系重新进行组合与定位。设计师单靠直觉与经验已经不能准确地把握创意的方向。那么实现创意必须要求设计师对创新主体、创新因子、创新环境等要素作出快速、全面、准确的把握，笔者认为系统化的设计观及思想，进行系统化的分析设计要素的方法，可以实现产品艺术创意，设计师可以较为全面和准确地把握创意对象与目标，提高产品艺术创意的质量和效率。

所谓系统，是由具有有机关系的若干事物为实现特定功能目标而构成的集合体。构成系统的事物称为系统的元素，元素间相对稳定有序的联系方式称为系统结构，元素间通过有机结构产生的综合效果称为系统功能。那么，系统就是一种由多种元素以一定结构形式组成的为传达某种功能的有机整体。系统观来自20世纪40年代以来逐步形成和完善起来的系统论、信息论和控制论等系统科学理论，主要观点是认为应将研究对象放在系统中加以研究和认识。系统观作为一种新的思维方法，要求从系统的观点出发，着重于从整体与部分之间、整体对象与外部环境之间的相互联系、相互作用、相互制约的关系中综合地、精确地考查对象，以求最优地处理和解决问题。所以，在产品艺术创意中，通过系统化的设计观构建产品艺术创意生态系统，是从整体上把握产品创意过程中各个创意要素之间的关系，通过一定的结构形式，使产品创意系统达到既定的功能。

作为具有一定功能的物质载体，产品本身就具备多种要素和结构，从原材料的提取到产品制造这一过程是产品的形成过程，形成产品内部系统，如家用书桌正是通过色彩、木材、构件等要素以一定的造型、结构等来形成产品的内部系统。同时书桌必须在特定的社会文化环境中被消费者使用才能实现其功能意义，即产品又是一个与外部环境相关联的系统——产品外部系统。影响产品外部系统的因素有很多，例如市场产品外部销售环境、消费者的情况（包含消费者年龄、性别、兴趣爱好、消费观念、文化程度、风俗习惯等）、国家政策、法律法规等，这些因素都能够对产品功能的实现产生一定的影响。而我们所说的产品系统化的设计观，其核心是把产品设计的设计对象以及产品设计过程中的相关问题，如"人—机—环境"系统诸要素、产品的各项功能、设计的程序和管理等，视为系统，然后用系统论的分析方法加以处理和解决。产品艺术创意亦是如此，在产品艺术创意中产品集成创新过程的系统化原则，主要指协调整个产品创意活动的各个环节，从设计到生产，从选料到规范，多层次多方位地构建起一个统一有序的结构，提高产品创新开发的效率。

② 系统方法与传统方法的区别

一个系统下面包含着多个子系统，子系统的下面又分解出若干个子系统（图5-1）。系统方法（Rd）以整体作为出发点，考虑到整体（Whole）与部分（Part）、整体（Whole）与环境（Enviroment）之间的双向关系，然后再以整体（Whole）作为归宿。传统方法

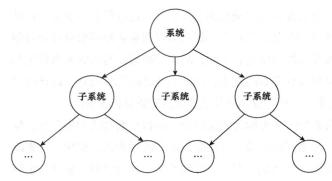

图 5-1 系统分析图

（Rm）虽然也是从整体出发再到以整体为结束点，但是它忽略了整体与环境、部分与整体之间的双向关系，造成部分或环境相脱节。

$$W \to Rd\,[(W \leftrightarrow P)+(W \leftrightarrow E)] \to W$$
$$W \to Rm\,[(W \to P)+(P \to W)] \to W$$

③ 系统内涵与特征

产品艺术创意有赖于感性与直觉的思维方式。而产品系统论正是要求设计师把理性、系统的方法与感性、直觉的思维方式有机地结合在一起，强调在产品艺术创意中发挥感性的思维与直觉的判断能力，以理性的思维促进系统设计的丰富和完善，实现产品艺术创意的进步。

首先，在产品艺术创意中，系统设计内涵由多种因素以一定的结构方式有序的组成，从而形成一个整体。这些因素包括过程因素（设计创新的全过程、产品的生命周期和信息的反馈过程）、功能因素（包括审美功能、实用功能、认知功能）、形式因素（包括形态、色彩和肌理）、技术因素（如材料、生产技术、信息技术、管理技术、操作技术）、经济因素（如市场需求、竞争情况、经济价值）、环境因素（环境保护、绿色设计、生态设计、可持续发展）等。其次，各个要素之间是相互依存、相互作用的关系，如在日常生活审美决定了产品的形式创新，而这些形式创新又直接影响着人们的生活方式和审美意识。最后，系统具有层次之分，产品系统包含一些子系统，这些子系统又包含更下层次的子系统。

产品系统可归纳为以下特性：第一，系统的整体性：包括产品的材料、结构、使用

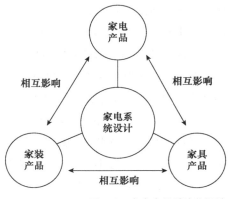

图 5-2　家电产品系统化设计

对象、使用环境等构成产品艺术创新的整体性；如产品中的"整合设计"将电视、音响、冰箱等家电产品之间相互结合，或者将家电产品与非技术产品进行结合，如家电产品和墙壁、柜子、桌子等家具进行结合——即采用插电家具（plugged furniture）的形式。第二，系统的有序性：即从人对产品的需求开始，到提出为满足需求的构想，再到实现构想和再度满足新需求的秩序开始。在这个过程中，不同阶段可划分为多个层次进行研究，如研究人的需求问题就要涉及市场学、人机工程学、消费心理学、视觉生理学等，进而构成自身有序的研究体系。第三，系统的动态性：如在家居产品系统化设计中，要求从家居系统的角度出发，把家电产品、家具产品、家装产品（室内装饰物）等相关因素视为一个相互联系、相互作用的动态系统，以达到整体家居环境的和谐统一（图 5-2）。在家电产品艺术创意中，家电产品应采用怎样的造型形式和色彩来融入家居系统环境成为当下家居产品创意的重点。如将遥控器设计成放在桌子上的相框，将加湿器设计成房间角落的宠物等，实现美化环境的效果。

总之，产品艺术创新应从"人—机—环境"系统的角度出发，再把社会需求—产品生产—产品使用—产品废弃过程中的一系列关系看作系统，达到系统的整体性、综合性与最优化。

（2）产品艺术创意中的生态美学

① 生态美学的审美观

李泽厚认为："美的本质是人的实践活动和客观自然的规律性的统一，叫做自然的人化，以此来概括美的本质。"那么，"产品艺术创意生态系统"是以系统化的设计观为基础，从生态美学的观念出发，分析产品艺术创意的思维方式与原则，进而探讨产品艺术创意的设计思想及内涵，同时也为产品艺术创意提供理论基础。

产品艺术创意本身还有一种责任就是引导人类生活的方向，产品艺术创意作为造物活动的一种精神导向可以丰富人的生活，引导人的生活向着健康向上的方向发展。目前，产品艺术创意集中在面向环境的设计上，通过面向环境的设计出发，从"机—环境"的角度降低产品对环境的不利影响。而生态美学的审美观正是建立在这种生态世界观的基础之上，不同于旧的唯物主义或客观唯心主义的美学观。生态美不是片面强调自然美的固有性，而是从自然与人共存共生的关系，从生命循环系统和自身组织形态着眼来确认美的价值。由此表明，生态美在产品艺术创意中更强调于"人（消费者）—机（产品）—环境（社会环境与生活环境）"之间的相互关系及各要素之间的优化组合。

② 形式美与内容美有机统一的生态美

生态美是人与环境的内在统一，也就是产品的形式美（产品外形、结构、色彩等）与内容美（实用功能、审美功能、宜人性、生态性、经济性等）的有机统一。产品的"形式美"通过艺术创新向产品的"内容美"升华，最终达到产品艺术创意的生态美。将产品表现出的形式美与隐含的内容美在审美过程中达到和谐的统一，如日本品牌无印良品成功地做到了这一点，成为生态美的典范。

把生态美学的审美观融入产品艺术创意中，无疑是对产品设计在美学上的进一步深入与拓展，正因如此，产品不在于强调单独的客体审美，而是人、产品和环境之间进行互动达到共生。生态美学观让我们重新审视产品与自然的关系，那么在产品形态设计上就不会局限于一味地模仿，而是在产品艺术创意中根据不同的环境、不同的使用者设计出具有生态美的产品，在意境上更融入自然，在人机互动中，更好地感化人的生态意识，使"人（消费者）—机（产品）—环境（社会环境与生活环境）"之间达到和谐（图5-3）。

③ 产品艺术创意中自然环境的生态设计

生态美学的审美观要求产品在面向自然环境设计时与新艺术运动中设计时对自然元素的应用是不同的。新艺术运动在产品设计中采用植物、动物纹样作为装饰应用，主张师法自然来进行产品材料的选择。但是随着科技的进步，形态仿生设计的应用同样给产品艺术创意带来更多的灵感，进一步引导人们的生态设计观。

在产品艺术创意中，首先是产品环保材料的选择，面向环境设计中产品原材料必然是生态环保的，生态环保材料的选择包括天然材料、可降解材料、易于回收再利用的材料和即使无法回收再利用，废弃后对环境污染小的材料。其次是产品可回收性设计，它

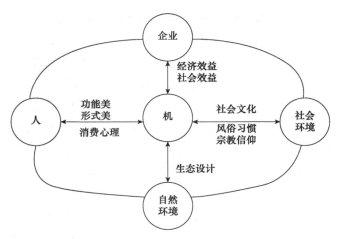

图 5-3 "人—机—环境"关系图

指在产品艺术创新初始阶段,就要考虑产品各个部件和材料回收的可能性、产品回收价值及回收处理方法等,以达到产品部件和材料的有效再利用。再次是产品可拆卸设计,它指在产品艺术创意阶段,让产品具有良好的拆卸性能。最后对产品的生命周期进行评价,生命周期评价(life cycle assessment,LCA)主要是针对环境问题提出来的设计分析和评价的方法。产品生命周期评价不仅包括环保材料的选择、产品的可回收设计、拆卸设计、废弃物再生及资源化处理等内容,更强调了在产品的生命周期全过程中实现技术、经济和环境的最佳效果。因此,材料环保化、成本低廉化、造型生态化已成为生态文明时期产品设计遵循的主要审美原则。

④ 产品艺术创意中社会环境的生态设计

在现代的艺术活动中,审美范式的范畴正在不断扩充。它从功能与形式的纠葛之中部分地挣脱出来,逐步走向功能与形式在文化整合中的共生,走向对人类精神和文化领域的关注,走向对人类生活诗意价值和审美含义的把握。这就是艺术审美范式的生态化发展方向。那么,生态设计除充分反映了对自然生态的关爱,还在一定程度上立足于对社会文化、风俗习惯、宗教信仰等民族文化的多元化保护。产品在一定程度上传达着一个民族的文化,在自然生态中,生物的多样性很重要,社会生态中文化的多样性同样不能忽视,如果说生物的多样性关乎万物的生存,那么多元的文化则关乎人类精神的完整。在产品艺术创新中,可以将这些象征民族精神的符号运用在产品创意中,将民族文化思想渗透其中。

（3）产品艺术创意生态系统的结构功能和运行机制

系统方法把对象看成是一个"处于一定联系中的、与环境发生一定关系的有机整体"，然后从系统的整体出发，辩证地处理整体与部分、结构与功能、系统与环境、功能与目标之间的关系，找到既要整体最优，又不会造成部分损失过大的方案作为决策依据，实现系统整体最优。产品艺术创意生态系统的运行机制主要体现在从产品内部系统的各个要素与产品结构之间的关系，产品与外部环境系统之间的相互制约、相互作用的关系中综合地分析考查对象。即从产品的整体目标出发，通过系统分析、系统综合和系统优化，从而进行系统性地分析问题与解决问题。在"产品艺术创意创新生态系统"模式中，我们对产品艺术创意系统分析和系统综合要把握好以下几个原则：把内部和外部的各种影响因素结合起来进行综合分析。把局部效益与整体效益结合起来考虑，最终追求最佳的整体效益。依据目标的性质和特性，采取相应的定量或定性的分析方法。遵循系统与子系统或构成要素间协调性的原则，使总体效果最佳。从实际出发，对客观情况进行周密的调查，考虑各种因素，准确反映客观现实。

① 外部系统整体性——产品创意定位

产品外部系统的整体性是产品系统艺术创意设计的基本出发点，即把"产品"作为研究的对象。产品设计的目的是围绕"人"来进行，产品作为实现生活方式的手段与工具，它必须在一定的时空环境、文化氛围和特定人群组成的生活方式中通过系统化的设计过程，在各种相互关系要素的整体作用下，才能实现产品系统的功能与意义。产品使用外部环境因素（人、经济、文化、社会、生态、科技等）对设计目标的要求是应用先进科学技术、降低成本、适应市场经济的要求，遵循民族地域传统文化、创造社会新生活、节能环保、低碳、保护生态、可持续发展。在产品艺术创意设计初期，根据EPAC模式界定产品定位，由系统外部的五大环境因素决定，其中"市场销售环境"对产品艺术创意的影响程度由市场营销、消费者需求衡量，强调营销环节中的审美体验，注重消费者的喜好以及消费氛围营造。消费市场的使用者对设计目标的要求是性能好、功能完善、外观美、使用操作方便、价格合理，以此来指导新产品的开发设计。"社会人文环境"是将新的艺术创意注入到传统的文化之中，在弘扬中国传统文化的同时，也借鉴和吸收其他民族优秀的文化成分，对世界文明的多样性兼容并蓄，实现产品艺术创新，对产品的定位趋于国际化或本土化。"创意创新环境"对产品艺术创意中产品的定位受到教育投入与研发能力、产品设计的程序和管理等影响。"资源转化能力"包括创意资源的投入产出能力、知识产权的形成与运作能力、文化创意的生产制作能力，这些对于产品的定位起到关键性作用。"国家政策法规"在产品定位时，包括推动创意产业发展的经济政策和创新政策。因此，在设计之前明确产品设计的系统过程和整体目标，即设计定位，是十

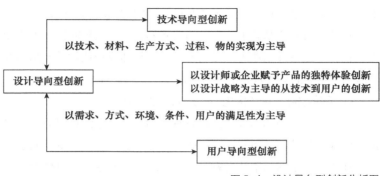

图 5-4　设计导向型创新分析图

分必要的，产品外部系统的设计将围绕产品的设计定位展开。

② 内部系统分析——产品创意设计

内部系统可以被界定为五大创新因子，内部系统分析包括材料创新、色彩创新、科技创新、功能创新及造型创新。在产品艺术创意中对现有产品可在内部系统分析后进行五大创新因子的创新设计，这是从狭义的角度理解产品内部系统的创意。一个产品的设计涉及产品的使用功能、产品的经济性、产品的审美与文化价值等多方面的内容，可以用内部系统与外部系统进行系统综合和系统优化的方法进行产品艺术创意。从这个角度来看，创新超越了单纯的物质层面而指向了更为广义的层面。内部系统分为技术导向型创新❶、用户导向型创新❷和设计导向型创新三个方面（图 5-4）。

20 世纪以来在设计与创意产业的发展中，我们可以清晰地认识到以"设计导向型创新"为主的产品创意路径，从早期包豪斯时代贝伦斯设计的电水壶到今天意大利品牌阿勒西的产品，从格雷夫斯设计的鸟鸣壶、飞利浦·斯塔克设计的"外星人柠檬榨汁机"到苹果公司设计的一系列产品，都是典型的以设计导向型创新为核心的成功案例。其实，无论是技术导向型创新、用户导向型创新还是设计导向型创新，三种模式在一定层面和范围内是相互交织、互相作用的。首先，技术导向型创新能够作为产品创新中某一阶段

---

❶　技术导向型创新是指：以新技术的开发或原有技术的应用、转换为主导的创新。比如芯片技术、激光技术、纳米技术等都是将新的技术应用到产品或生产体系的解决方案中。技术导向型创新应该是最基本的创新模式之一，也是很多原创产品产生的重要核心。

❷　用户导向型创新是指：从用户需求出发对技术或产品应用的创新，它不是以技术为创新原点而是通过发现用户在生活和工作中的需求，为满足这一需求而进行的创新。

的核心要素，是用户导向型创新及设计导向型创新的基础；其次，用户导向型创新需要建立在技术成熟的基础上，在以消费者的需求为主导的情况下才能实现；最后，设计导向型创新是由设计创造为主导因素，以设计师或企业赋予产品的独特体验的创新、以设计战略为主导的从技术到用户的创新。

③ 系统综合和系统优化——产品实现目标

人对产品的使用形成了人机系统环境，人机系统环境对设计目标的要求是高效、舒适、健康、安全、人性化、情趣化、个性化等。如EPAC模式中三大创新主体"人—机—环境"就是内部整体对象与外部环境之间的联系。总体设计阶段需要进行系统结构设计，要将一个大系统分解成不同层次即创新因子、创新主体、环境因素等。在详细设计阶段，要在整体结构设计的基础上对多个创新因子组成的系统，给出实现方法和细节。例如在对鼠标的设计时，首先要根据产品的外部环境（使用者、使用环境等）确定产品定位——通过鼠标为年轻人创造舒适的使用方式，然后用系统分析的方法确定实现目标的手段——确定鼠标的结构和要素。产品采用何种结构与要素来实现其功能，这是设计师设计的方案，根据设计定位限定的方案所要考虑的因素十分复杂，作为鼠标来讲，通常有结构、色彩、人体工程学、材料、价格等要素特征，那么这种将功能转化为结构和要素的过程就是产品系统分析的过程。在产品艺术创意中，结构和要素的变化导致设计方案呈现出多样化的特征，那么在众多设计方案中，需要在错综复杂的要素中寻找出一种最优的有序结构——特定的"方式"来支配各要素，用最符合设计定位的方案形成产品创意，这个过程就是系统综合和系统优化。整个系统设计行为是通过"功能—结构—要素"的系统分析和"要素—结构—功能"的系统综合和系统优化，形成产品创意的过程。由此表明，系统设计是形成产品艺术创意的有效方式。首先对产品进行定位，其次通过系统分析、系统要素和结构的协调整合，最后创造出多样化的设计方案，在多种方案之间通过系统综合和系统优化，寻求最佳方案，这是形成产品艺术创意的有效方式。

5.1.2 数字技术革命助力产品艺术创意内容的生产与传播

高科技发展的当今社会，都是以数字技术为主导，使产品设计发生了前所未有的改变。当前信息类高新技术产品的设计已经从人与实在的形态之间的关系转换为人与虚拟物之间的联系，产品艺术创意主要侧重于信息传达方式的设计以及与之相适应的外在形态的表达。

产品艺术创意把技术、文化、产品三者有机结合，相互作用。后技术时代中传播技术、信息技术、激光技术和自动化技术等各种数字技术的飞速发展，引导新的传媒形式的变化，随着互联网的建设更趋多样化、成熟化，人们的生产、生活发生了翻天覆地的变化。如数字技术衍生出的电子商务改变了人们的传统消费方式，致使网络购物成为时尚。据资料显示，2010年中国网络购物市场交易规模达4980.0亿元，占到社会消费品零售总额的3.2%，同时网络购物用户规模达到1.48亿人，在网民中的渗透率达30.8%。由此看来，电子商务颠覆了传统的产品销售模式，产品终端市场的货架展示已不再是人们关注的重点，产品的包装策略及推广模式也随之发生着改变。另一方面，媒介革命使得我们生活在一个视觉图像的时代，电视、网络以及新媒体带给我们高速快捷的信息生活，人们更加关注视觉文化，视觉图像带给我们另一种艺术的欣赏和接受方式。正如福柯所描述的"全景敞式的社会"，具象的、视觉的东西成为当代人所追求的东西。在这种背景下，产品艺术创意中包装设计领域更是发生了重大变化，相对于传统的包装下的产品销售模式，作为电子商务流通及销售中重要环节的产品包装，也应改变传统的产品包装的创作方式、表现形态、美学精神及文化传达等。产品包装在互联网技术支持下要更好地呈现出大众化、虚拟化、便捷化的特点。正因如此，数字技术革命给产品包装设计提供了新的技术——"二维码"技术条件下对电子商务"零包装"的艺术创意，以实现产品包装在电子商务过程中经济效益与环境责任的最佳整合。这不仅弥补了人们对"零度化"包装设计认识上的不足，推进设计向绿色化、减量化、资源化、低碳化转型，还可以在一定程度上减少电子商务中包装环节的实际成本及包装回收过程中的环境成本。而且，有助于加强标准化作用、提高包装运作效率，降低包装在各个环节中的成本，优化电子商务相关企业在产品的运输与销售过程中的产业结构，并促进企业进行产业转型。美国针对"二维码"技术在包装设计中应用取得了突破，如辉瑞集团（主营动物保健品），针对产品生产过程中的信息采集和掌控，确保食品的安全性，专门研发了一款"二维码包装"，取得了良好的效果。欧盟在2000年专门设定了零包装规范化的标准，2004年由技术委员会制定了《EN 13428：包装—制造和成分的特殊要求——预先减少用量》标准，提出了4R（Reduce、Reuse、Recycle and Recovery）设计原则。日本"手机二维码"已经普及到了杂志及网站等领域，并已被列在GPS、调频收音及手机电视等诸多功能之首。因此，与传统产品的包装模式存在费时、费力和不能及时、准确地提供产品信息的问题形成鲜明对比，这种基于二维码技术在包装设计中的应用，不仅可实现对产品信息与管理的全程信息化控制，节约包装成本，快速提高产品信息更新的及时性与准确性，还可以引起产品包装领域的变革，同时扩大产品艺术创意内容的生产与传播（图5-5）。

图 5-5　产品包装中二维码的应用

5.1.3　创意产业发展

　　文化借助科学技术，发挥人的创造力形成创意产品，最后将创意产品推向市场，进行产业化运作，买卖创意产品，从而形成了创意产业。产品艺术创意衍生出产品创意产业，包含产品的艺术创意、产品的营销创意、产品的品牌创意等。好的创意产品还可以催生相关文化产品以及文化产业的兴起，如各种展览、实体店、设计品牌、网络论坛等。例如，海尔集团的前身是青岛电冰箱厂，后来于 1985 年引进德国"利勃海尔"公司的先进技术和设备发展成现在的海尔电器集团，生产出了亚洲第一代"四星级"电冰箱，为体现出双方的合作，海尔人将产品名称定为"琴岛—利勃海尔"，并且成功地设计了象征中德儿童的吉祥物"海尔图形"（现在的海尔兄弟，"琴岛"是中国人，"海尔"是德国人），其商标由"琴岛—利勃海尔"文字和"海尔图形"组成，此标志寓意中德双方的合作如同这两个小孩一样充满朝气和拥有无限美好的未来。海尔公司为了扩大知名度，投资 6000 余万元制作了一部动画片，叫做《海尔兄弟》，动画人物形象让海尔集团用在了商标上，以宣传产品品牌和企业形象。所以，海尔集团品牌下家用电器产品催生出的相关文化产品有动画片《海尔兄弟》，十年后由《海尔兄弟》民族动漫品牌又成功地衍生出了海尔兄弟童装等儿童用品品牌，包括海尔兄弟品牌的童装、童鞋、文具、玩具、家纺等系列产品。海尔创意产业在品牌营销上包容并蓄，以其特有的品牌运营模式，吸收国际动漫品牌成功经验继而开创出全新的儿童生活体验馆，力图打造东方的迪士尼儿童乐园。"海尔"品牌立足国家和民族的文化需求，将文化贯穿于产品中，这种创意产业的发展使得海尔集团在企业文化宣传及品牌战略上取得了意想不到的成功（图 5-6）。因此，创意产业将促进产品艺术创意的发展，同样产品艺术创意也激励与影响着创意产业的进步。

图 5-6 海尔品牌宣传形象

5.2 产品艺术创意方法与流程

5.2.1 创新之路

产品设计的核心是创新，创新是设计的灵魂。胡锦涛总书记强调指出，建设创新型国家必须"大力弘扬以爱国主义为核心的民族精神"，"大力增强全民族的自强自尊精神，提高整个民族的创新能力"。走自主创新道路必须摒弃崇洋媚外的心态，增强民族自信心和自豪感，在学习借鉴的基础上加强消化吸收再创新，同时大力进行集成创新和原始创新，不断增强自主创新能力。中国产品设计必须顺应时代发展的需要走创新之路。

（1）传统文化与创新

创新要以"传统文化"为基础，要以客观现实存在为出发点，了解传统文化，把握现实，才能超越传统，才能提高和发展。每个民族都有自己的传统文化，传统是文化延续发展的种子和根。传统文化一般具有民族性、时代性、继承性、延续性等基本特征。中华民族有着五千年悠久的历史和灿烂的文化，中华传统文化源远流长，博大精深，它是中华民族赖以繁衍生息的精神支柱。创新如果脱离了基础，脱离了传统文化，也就发展不起来。创新不能无中生有、凭空而来，它离不开传统和既有文化。没有传统就没有生命的基础。同样，传统文化也不能没有创造，因为传统文化失去了创造是要死亡的，只有不断的创造才能赋予传统文化以生命。

（2）继承、借鉴、吸收是创新的基础

创新与学习继承是相辅相成的，输出必须首先输入，创新必须首先学习和继承。产品艺术设计上的新与旧是客观存在的，随着时代的变迁，人们的观念、精神追求、价值取向、审美意识、科学技术、工具材料、表现技法等都会发生改变，而这些变化在人们日常生活使用的产品中必定会有所反映。而设计师的生存空间与视野，必然产生带着时代烙印的观念，时代的发展敦促着产品创作应具有开拓与创新精神。从一定意义上说，继承、借鉴、吸收是创新活动的前提，产品艺术创意是在继承、借鉴、吸收基础之上的创新。但是继承传统应当批判地继承，借鉴与吸收外来设计创意应当是有选择地吸收。在产品艺术创意中，创造与继承并不矛盾。从某种意义上来说，继承传统是产品创意的基础，借鉴与吸收好的产品创意是产品艺术创意的条件，而设计师在产品艺术创意过程中，一方面可以阐释和丰富传统，另一方面可以把先进的创意理念应用在产品设计中，两者的辩证统一正是产品艺术创意演进的内在机制。继承并不是一味的复制或对传统文化的照搬照套，纯粹的复古没有任何意义，能够唤起人们对某种美好事物的回归和向往，才是真正的目的。因此，产品艺术创意应该是在立足文脉的基础上以鲜明的个性化语言表达对生活的真切感受。

（3）民族性与时代性、世界性的关系

将民族性融合于产品艺术创意中是一个创新的渠道。任何产品艺术创新必须体现一定的产品设计个性，而设计个性只有从民族文化中去借鉴和吸收，才能形成自己的独特风格，呈现民族特色。在 21 世纪世界经济全球化、文化多元化的背景下，世界各民族的相互联系、共同发展的局势不断加深，社会的发展将世界紧紧地联系在一起。产品艺术创意中的民族性一方面是设计文化个性的体现，同样也是在多元化、全球化、现代化时代中人们在自身民族文化受到外来文化冲击后的一种渴求。同时任何民族性的东西，在特定的时代背景下，为了满足市场消费与大众审美文化的需要，体现一种时代性的特点。在产品设计方面，中国产品设计的创新，是时代的要求同样也是对传统的挑战。传统的、民族的文化是产品艺术创意的根基，利用现代新材料、新技术、新工艺、新设备，充分发挥产品创意、设计及生产的优势，充分利用现代科技来体现民族风格，赋予产品设计更多的民族特色，是当前中国设计界急需解决的重要问题，也是合理解决传统风格与现代化生产矛盾的有效途径。正确理清产品民族性与时代性的关系，使中国产品设计在发展中创新，才能塑造具有中华民族特色的现代化产品创意设计。

产品艺术创意作为民族的一种文化象征，已经面临着民族性与世界性的双重选择，因此，产品艺术创意个性的强调是十分必要的，而产品艺术的世界性不是简单的类似于经济全球化的趋同，而是在保证民族性充分得到肯定与张扬的前提下的一种艺术规律的共性。因此，让世界文化走向统一的全球文化，使其不再具有区域文化的狭隘性，变得更加丰富多彩，就是文化样式、内容的多元化。产品艺术创意的最终发展目标、最基本内容还是产品艺术的民族性与世界性的发扬与传播。只有强调其民族性、世界性才有出路，才不会被趋同，才能使民族艺术产品创意走向世界。

5.2.2 解决之道

本书在对国内外数百个成功的创意文化产品进行调研、分析的基础上，找到了隐藏在其成功背后的产品艺术创意未来发展路径，即产品艺术创意生态系统模式。本书结合大量实证研究，来说明基于传统文化创新的艺术创意产品开发的设计方法和设计流程。

（1）产品创意设计方法

如前述，创新路径分为技术导向型创新、用户导向型创新和设计导向型创新三个方面，目的是使创意产品既具有使用功能，又具有文化审美功能，从而极大地提高产品的附加值，使制造向产业链高端提升。在日常生活审美化的当代全球化市场条件下通过产业化和高新技术实现，产品艺术创意是建立在现代高新技术和媒介革命基础上，以产业化的方式提供给大众消费，它是一种传达文化、审美、精神消费的"内容产业"。在新一轮后技术时代的经济环境中，产品的发展如果不与高新技术和时代的审美化相结合，就会被飞速发展的现实世界所淘汰。

当文化创意产业同制造业相关联时，其设计主要属于以创意为核心的工业设计。表现为二、三产业的融合，增加产品的附加价值，如品牌价值、使用价值、文化价值等。产品艺术创意是文化产业的主要代表和文化创新的主要力量。在提炼出图像符号的基础上，如何完成创意文化产品多维化、多载体的系列化衍生过程，需要分若干层次进行。

第一，品牌文化层，将产品文化内涵进行准确的定位，提炼成图像符号应用在产品设计中。

第二，子品牌风格层，可满足和覆盖更多的消费者但又能够做到市场细分，品牌特色鲜明。

第三，题材系列层，一个创意产品一般分为若干个题材进行创意，使产品题材新颖、内容丰富，更容易让消费者接受与认可。

第四，衍生产品层，在产品品牌影响下，通过延展设计将图像符号设计演绎为多维化、多载体的创意文化系列产品。

第五，色形材搭配环层，强调在产品不变的前提下，以文化内涵的形象定位为核心，围绕色彩识别、形状识别、材质识别、工艺识别等多个变量因素在空间多维度地展开。

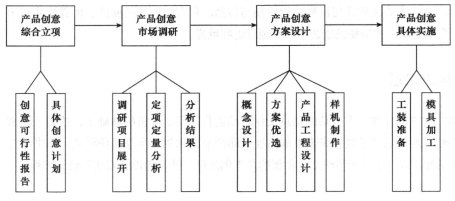

图 5-7 产品创意设计流程

（2）产品创意设计流程

根据产品艺术创意生态系统（ecosystem of products artistic creativity，EPAC）模式分析各要素之间的关系。

第一，产品艺术创意中应考虑的因素：①产品的功能；②产品的美观，即形态美、色彩美、工艺美；③产品的宜人性，即人与物、物与物、物与环境、人与环境的协调；④产品的品牌塑造；⑤产品的市场营销。

第二，产品艺术创意设计程序：①前期准备，即产品企划、开发体制、确定概念；②造型设计；③创意设计定案；④设计与生产转化；⑤产品进入市场（图 5-7）。

第三，产品的艺术创意过程研究的目的最终解决以下五个问题：①产品设计有什么艺术创意？②运用产品设计所用的艺术创意过程是什么？③设计创意过程是怎样实施的？④这样的产品艺术创意过程会带来什么好处？⑤产品艺术创意过程中的活动和方法能否很好地付诸实践？在产品设计创意过程中，产品的设计过程包括严格的监测和评价机制，以确保设计思想充分贯彻到生产中去。不论设计师的初步设想是通过怎样的具体路线产生的，不管这个设想是一张简单的草图，还是详细的图纸和实体原型，都要进行深入分析。除此之外，还要进行设计创意评估四项指标，用于每一个新的设计设想，以决定该设想是否应该被进一步开发并投产。该公式从四个方面衡量设计建议：

① 功能（function）：设计的功能。它真的可行吗？它符合实际、具备实用功能并且节省劳动力吗？

② 感受、记忆和想象（feelings, memories and imagination）：设计能够取悦于感官吗？

它值得纪念吗？它能够激起人们的情感共鸣吗？

③ 沟通、语言（communication，language）：产品能够给予其使用者相应的地位吗？它是否符合目前的趋势？

④ 价位（price）：产品的生产成本和最终售价都能够做到明智、合乎情理吗？二者都与相应的替代产品和客户对其价值的评估相关吗？

依据以上四项标准，设计条目在每项标准中都会被给予 0 至 5 分的评分，5 分为最高分，3 分为中间分。一项有前途的设计方案必须拥有一个超过 12 分的总体评分（也即它能够在每项标准上都能拿到 3 分），只有这样产品才能够被公允进入设计过程的下一个环节。

第四，产品艺术创意方案设计中，产品的视觉设计通常有 5 个要素：点线面、质感、形式、明暗、空间。在产品设计中通过对产品体量、空间、色彩、质感、形态等的设计，使人产生舒适、愉快和心理上的联想或感觉。产品设计创意主要是通过视觉传达手段来实现的，因此在创意设计中应充分认识人的视觉特性，把握视觉设计的基本规律，使产品中优秀的成分展示于人的面前，不好的因素能最大限度地隐藏，正如《园冶》中所说："俗则屏之，佳则收之。"又如 1977 年杰里·默多克（Jerry Manock）为苹果二代设计机箱的时候，为键盘设计了一个倾斜的楔形物，并使该楔形物的后面部分更高一些，这样可以将电线隐藏在它的后面。除此之外，产品创新设计要求设计师跳出原有的产品结构形式，从而设计出相对独立、个性鲜明的产品。它是一方面满足消费者需求导向；另一方面也体现出企业市场信息收集、分析能力以及产品设计能力的综合表现。根据创新程度的不同可分为渐进性创新❶和根本性创新❷。但是无论何种创新都为产品艺术创意带来无限的挑战与发展空间。

（3）可持续发展的设计观

通常所说的可持续发展概念，即世界环境与发展委员会（WCED）对可持续发展的定义：既满足当代人的需要，又不损害后代人满足其需要的能力的发展。伴随着人们对绿色、生态、低碳等环境诉求的日益强烈，产品艺术创意如何最大限度地实现经济效益与环境责任的最佳整合也备受社会的关注和重视，从产品创意到产品设计再到产品实现目标的艺术创意理念也渐为企业和设计界所认可和接受。可持续发展的设计观成为产品

---

❶ 渐进性创新指：在单次创新中无质的变化，但它对产品的成本和性能具有巨大的累计性效果。渐进性创新所涉及到的变化是在现有的条件下的变化，它不仅能提高生产能力，同时也能强化企业、消费者和市场三者之关系，这种创新是一般中小企业所热衷的和容易实现的。

❷ 根本性创新指：产品在技术、结构、材料、形态或是使用方式上的重大突破，它常常能主导一个产业，从而彻底改变竞争的性质和基础。

设计的新方向。可持续设计的思想提倡协调人与自然的设计，保护环境、节约材料能源等设计原则，在生态哲学的指导下，将设计行为纳入"人—机—环境"系统，既实现社会价值又保护自然价值，促进人与自然的共同繁荣。据科研人员研究，一个产品在使用期内的环境成本大约有80%取决于设计，这对减少废料、降低能源与材料消耗方面提出了更高的要求，因此设计过程本身必须以可持续发展的设计观作指导才能避免危害环境。产品艺术创意中可持续设计包括以下几种思路：

① 节能创意设计：主要从节约资源的角度开发新产品，在产品达到特定功能的前提下，材料、能源在制造、使用过程中消耗得越少越好，积极应用节能、节材等新技术成果。

② 环保创意设计：从减少污染的角度出发来设计产品，创意产品在使用过程中或使用后对环境污染越小越好，如无氟冰箱、无铅油墨、可降解塑料袋等无污染产品的设计，以及在产品设计中应用新型材料如竹子、藤条等原生植物材料。

③ 长效创意设计：主要关注产品创意设计中产品的耐用性和功能的价值效能问题，追求原生、精致、耐用的品质，尽可能地延长产品使用寿命，反对浪费资源的纯粹形式更迭的设计，提倡创造具有长效价值的艺术创意设计。

本书研究的主要对象是与人们日常生活消费息息相关的日常用品包括汽车类产品、家电类产品、消费类电子产品、家具类产品等制造业的工业产品，其中，家具类产品还包括城市家具产品。城市作为一个以地域空间为限的大家庭，城市环境中的公共设施作为这个大家庭中人们所共有的"家具"来审视，那么，"城市家具"在城市建设中具有何等重要的位置，对改善城市居民的生活又具有何等重要的意义自是不言而喻的了。在可持续发展观的设计上，美国波士顿罗斯·肯尼迪绿道❶（Rose Kennedy Greenway）以城市再生与发展的思路和特点、通过绿道规划为导向，为修复城市肌理及改善城市生态环境提供了有效的措施，从而达到可持续发展的目的，让民众在高密度发展的城市中重新享受生态的居住环境，同时促进商业和旅游业的发展。罗斯·肯尼迪绿道不同于一般的城市公园绿道，它承载了波士顿人太多的情感，对它的改造提升必须综合考虑多种因素。既要考虑历史脉络，也要考虑新元素的融入；既要考虑景观设计，还要考虑市民的认同感；既要考虑观赏价值，也要考虑生态要求；既要考虑绿化美化效果，也要考虑与周围滨海地区空间的环境协调。因此，在罗斯·肯尼迪绿道内的城市家具如座椅、桌子等景观元素设计上以生态设计为原则，使城市家具、周围环境及使用者三者相互影响、相互

---

❶ 罗斯·肯尼迪绿道（Rose Kennedy Greenway）位于美国马萨诸塞州波士顿市中心，约1.5英里（2.4公里）长的带状公园和绿地，这是大开挖计划的一部分，以肯尼迪家族的女家长罗斯·菲茨杰拉德·肯尼（Rose Fitzgerald Kennedy）荣誉命名为罗斯·肯尼迪绿道于2008年10月4日正式向公众开放，其实施的效果受到民众的认同。

图 5-8　桌椅与廊架的色彩与材料相统一

图 5-9　为周围写字楼里办公人员配备的提供午餐的桌椅

图 5-10　座椅色彩的设计与植物的色彩相呼应

作用。这些公共座椅的设计从整体上塑造了一个形态统一、风格协调又富有变化的小尺度景观,如公共座椅的材料与色彩选择上与周围环境相协调,为不同场所、不同的用户设计出功能不同的座椅(图 5-8 至图 5-10)。

纽约高线公园(the High Line)是美国一段废弃的高架铁路线在基于历时性保护与更新的原则下被改造而成的公园。它是一个经过回收、改造和再利用高架铁路而建成的城市生态公园。作为一个优秀的公共空间设计案例,它已经成为一个促进生态环境可持续发展及旧城改造和更新的成功范例,即设计工作综合考虑了保护和创新两个方面。其中在城市家具设计上,带给我们耳目一新的视觉效果与体验。如设计师在铁轨上设计了沙滩躺椅,并在躺椅下巧妙地安装了滑轮,使躺椅能在铁轨上自由滚动,模拟隆隆启动的货车,给人们的休憩场所带来了乐趣(图 5-11)。为了进一步营造亲水环境,公园中部建有日光浴区,并设计了"瀑布"椅子(图 5-12),人们既可以穿着泳装,在躺椅上进行日光浴,又可以把公园当成海滩,与"瀑布"椅子流下的"水"进行交流互动,这些

图 5-11　安装滑轮的沙滩躺椅

图 5-12　"瀑布"椅子　　　　　　　　　　　　　　　　图 5-13　跷跷板座椅

图 5-14　椅子设计成供人们聊天、工作、野餐及座椅花坛等功能多样化风格

图 5-15 重组木木条组成的椅子设计

无言的长椅,都在诉说、记载与传递着场地的历史。在功能上,有的座椅设计成供人们野餐,有的供人们工作使用,有的甚至把座椅设计成跷跷板供儿童嬉戏(图 5-13),有的设计成花坛等功能多样化的设计风格(图 5-14)。高线公园的座椅不但满足使用需求,而且造型十分美观。这些富有现代感的木质长椅造型千变万化,所有座椅的设计形式都与整体设计相融合,都是用线性的、可回收的重组木木条组成,与地面铺装连成一片,相互交融,看上去像是从公园的表面刮起来一样(图 5-15)。既环保又体现了高线的地域特色,也是一种保护工业遗产的做法。因此,高线公园内这些座椅的造型、色彩、质感、结构的设计与周围环境形成特定的氛围,在我们身心舒适的同时也能感受到公园的乐趣和文化内涵。

参考文献

敖景辉. 2009. 论产品设计的文化导向功能 [J]. 文艺争鸣（6）: 156-157.
鲍德里亚. 2008. 消费社会 [M]. 刘成富, 全志钢, 译. 南京: 南京大学出版社.
蔡科, 陈汗青. 2007. 产品设计在创意产业中的系统化 [A]. 节能环保 和谐发展——2007 中国科协年会论文集（二）[C].
曹方, 邬烈炎. 2001. 现代十大设计理念: 现代主义设计 [M]. 南京: 江苏美术出版社.
陈鸿俊. 2001. 世界工业设计史 [M]. 长沙: 湖南美术出版社.
陈智莉, 李希. 2010. 简论全球化语境下审美文化的他律性 [J]. 电影评介（03）: 110.
丹尼尔·贝尔. 1989. 资本主义文化矛盾 [M]. 北京: 三联书店: 154.
丁莉. 2004. 产品设计的文化性主题 [J]. 装饰（6）: 134.
董春桥. 2006. 面向突发事件的智能建筑管理系统集成的研究 [D]. 武汉: 华中科技大学.
董苏, 钱昀. 2011. 系统方法论在产品设计中的应用研究 [J]. 赤峰学院学报（自然科学版）（6）: 62.
杜军林. 2010. 西北少数民族政治文化建设研究 [D]. 兰州: 兰州大学.
恩特·H·施密特（Bernd H Schmitt）. 2004. 体验营销 [M]. 刘银娜, 等译. 北京: 清华大学出版社.
范大伟, 王新燕. 2010. 中国传统文化在现代工业产品设计中的应用 [J]. 科技信息（06）.
菲利普·科特勒. 1997. 市场营销管理（上、下）[M]. 郭国庆, 译. 北京: 中国人民大学出版社.
管征. 2010. 从日常生活审美化的角度看品牌审美价值 [J]. 商场现代化（11）: 78.
郭梅君. 2011. 创意转型——创意产业发展与中国经济转型的互动研究 [M]. 北京: 中国经济出版社.
郭苏明. 2009. 消费文化语境中的城市景观研究 [D]. 南京: 东南大学.
何人可. 2000. 工业设计史 [M]. 北京: 北京理工大学出版社: 190.
何人可. 2010. Idcade——21 世纪设计杂谈 [J]. 创意与设计（1）: 7.
黄国松. 2001. 色彩设计学 [M]. 北京: 中国纺织出版社.
黄海燕. 2010. 当代消费社会中产品设计的审美求异心理 [J]. 包装工程（22）: 141.
加力·阿姆斯特朗, 菲利普·科特勒. 2004. 市场营销教程 [M]. 北京: 华夏出版社: 324.
杰斯帕·昆德（Jesper Kunde）. 2002. 公司精神 [M]. 王珏, 译. 昆明: 云南大学出版社.
金元浦. 2003. 别了, 蛋糕上的酥皮——寻找当下审美性、文学性变革问题的答案 [J]. 文艺争鸣（6）.
卡冈. 2008. 艺术形态学 [M]. 凌继尧, 金亚娜, 译. 上海: 学林出版社.
克里斯蒂安·坎波斯（Campos C）. 2007. 创新产品设计与手绘 [M]. 贾茗葳, 译. 大连: 大连理工大学出版社.
李军苗. 2009. 谈维也纳分离派 [J]. 美术大观（10）.
李纶. 2001. 工业产品造型设计的特征分析 [J]. 昆明理工大学学报（自然科学版）（04）.

李艳莉,吴艳叶. 2007. 由"两会"再议过度包装 [J]. 中国包装 (3).
李泽厚. 1999. 美学三书 [M]. 合肥:安徽文艺出版社.
林焱. 2002. 后技术时代的文化传播 [J]. 东南学术 (3).
凌继尧. 2004. 西方美学史 [M]. 北京:北京大学出版社:45-46.
凌继尧. 2009. 艺术设计与我国经济转型 [J]. 艺术百家 (1):90-91.
刘传凯. 2005. 产品创意设计 [M]. 北京:中国青年出版社.
刘建华. 2005. 从科学技术的发展看高等职业技术教育改革 [J]. 文教资料 (25).
刘战生. 2001. "振兴国产 Hi-Fi 市场"大讨论从"黑盒子美学"的衰败到家用音箱行业的"胜利大逃亡" [J]. 实用影音技术 (3).
刘征. 2008. 浅谈艺术设计审美范式的生态化 [J]. 美与时代 (02).
刘子建. 2005. 生态美学与绿色陶瓷产品设计 [J]. 陶瓷科学与艺术 (5):47.
卢璐. 2010. 当代设计中的装饰尺度问题 [J]. 大众文艺 (20).
陆黛灵,李四保. 2010. 从新艺术运动看设计中自然本质的蜕变 [J]. 安徽建筑 (6).
马瑞佐罗·维塔. 2006. 设计论文之"设计的意义" // 李砚祖. 外国艺术与设计经典论著选读 (上、下) [M]. 北京:清华大学出版社.
迈克·费瑟斯通. 2000. 消费文化与后现代主义 [M]. 刘精明,译. 南京:译林出版社.
梅尔·拜厄斯,阿尔莱特·德邦. 2001. 百年工业设计集萃 [M]. 北京:中国纺织出版社.
美国工业设计师协会. 2004. 工业产品设计秘诀 [M]. 北京:中国建筑工业出版社.
彭晶. 2012. 从抽象形态浅谈产品仿生设计——工业设计中产品仿生设计 [J]. 工业设计 (02):151.
让·鲍德里亚. 2003. 在使用价值之外 [M]. 戴阿宝,译. 北京:中国社会科学出版社:152.
让·鲍德里亚. 2008. 消费社会 [M]. 刘成富,全志钢,译. 南京:南京大学出版社:73.
斯大林. 1975. 马克思主义和民族问题 [G] // 斯大林选集:上卷. 北京:人民出版社:64.
唐·舒尔茨,海蒂·舒尔茨. 2005. 唐·舒尔茨论品牌 [M]. 北京:人民邮电出版社:2.
陶东风. 2004. 日常生活的审美化与文化研究的兴起 [J]. 南阳师范学院学报 (5):71-77.
陶思炎. 2008. 牡丹·梅花·菊花——中国名花祥物摭谈 [J]. 民族艺术 (02).
陶云. 2004. 艺术设计流派的思想内核及其流变研究——基于工艺美术运动到后现代主义等主要流派的深度考察 [D]. 南京:东南大学.
田川流. 2010. 论艺术创意的理论内涵与实践意义 [J]. 东南大学学报 (哲学社会科学版)(1):12-1.
田君. 2005. 作为创意文化产业而发展的工业设计 [J]. 装饰 (12):8
田中一光. 2009. 设计的觉醒 [M]. 朱锷,译. 桂林:广西师范大学出版社.
童慧明. 1998. 为生活而设计——20 世纪末世界优秀产品设计 [M]. 北京:中国美术学院出版社.
童明. 2007. 机器·建筑——柯布西耶是如何思考建筑的 [J]. 建筑师 (03).
王爱红,李艺. 2008. 从审美体验看产品形态仿生设计 [J]. 包装工程 (01):146-147.
王润球. 2007. 包装与商品品牌的关系研究 [J]. 第一次全国包装教育与学科发展学术会议.
王伟. 2011. 我国企业艺术创意的价值及案例研究 [D]. 南京:东南大学.
王效杰. 2009. 工业设计——解析优秀个案 [M]. 北京:中国轻工业出版社.
王增,何人可,黄凌玉. 2009. 家电产品系统化设计探析 [J]. 包装工程 (07).
沃尔夫冈·韦尔施 (Welsch W). 2006. 重构美学 [M]. 陆扬,张岩冰,译. 上海:上海译文出版社.
沃林格. 2010. 抽象与移情——对艺术风格的心理学研究 [M]. 王才勇,译. 北京:金城出版社.
吴朋波. 2011. 关注创意产品设计的文化性 [J]. 美术大观 (12):121.
吴茵. 2010. 创造思维的十五种训练法 [J]. 发明与创新 (综合科技)(10).

吴志军，那成爱. 2005. 产品系统设计的内涵及其思维方式［J］. 装饰（04）.
吴志军. 2010. 产品形态符号系统及其创新设计研究［J］. 包装工程（14）：39.
西莉亚·卢瑞. 2003. 消费文化［M］. 张萍，译. 南京：南京大学出版社.
徐绍业. 2008. 高校实验室改革方向新探［J］. 中国西部科技，7（20）.
许喜华. 2002. 论产品设计的文化本质［J］. 浙江大学学报（人文社会科学版），（32）4：122.
杨克欣. 2010. 当代审美文化观念下的产品设计新趋向［J］. 包装工程（22）：138.
杨先艺. 2003. 论设计文化［J］. 装饰（01）117：39.
约翰·霍金斯. 2006. 创意经济——如何点石成金［M］. 上海：上海三联书店.
约瑟夫·熊彼特. 1990. 经济发展理论［M］. 何畏，易家详，等译. 北京：商务印书馆.
张吉琳. 2011. 艺术设计与日常生活审美化的实现［J］. 考试周刊（44）.
张毅，龚小凡. 2011. 日常生活审美化与情感化设计［J］. 北京印刷学院学报（2）.
郑兴刚，文木. 2006. 创新文化生成是创新型国家建设的关键［J］. 重庆科技学院学报（社会科学版）（04）.
周宪. 2008. 视觉文化的转向［M］. 北京：北京大学出版社.
朱堃. 2010. 中国和英国创意产业发展的对比［J］. 宿州教育学院学报（8）：150.
朱明瑗. 2011. 艺术与日常生活审美化［J］. 文艺评论（9）.
祝燕琴. 2007. 论产品设计中形态的创新［J］. 包装工程（11）：140.
邹晓松，伍玉宙. 2010. 日常生活审美化背景下的产品审美化［J］. 南京艺术学院学报（美术与设计版）（6）.
Presented by Time. 1976. Webster's new ideal dictionary［M］. Federal Street Press，116.

图书在版编目（CIP）数据

产品艺术创意设计/王玮著. —北京：中国林业出版社，2018.12（2023.8 重印）
ISBN 978-7-5038-9914-0

Ⅰ. ①产⋯　Ⅱ. ①王⋯　Ⅲ. ①产品设计—研究生—教材　Ⅳ. ①TB472

中国版本图书馆CIP数据核字（2018）第285752号

国家林业和草原局生态文明教材及林业高校教材建设项目

中国林业出版社·教育分社

策划编辑：杜　娟	责任编辑：杜　娟　田夏青
电　　话：83143553	传　　真：83143516

出版发行	中国林业出版社（100009　北京西城区德内大街刘海胡同7号）
	E-mail：jiaocaipublic@163.com　电话：（010）83143500
	http://lycb.forestry.gov.cn
经　　销	新华书店
印　　刷	北京中科印刷有限公司
版　　次	2018年12月第1版
印　　次	2023年8月第3次印刷
开　　本	787mm×1092mm　1/16
印　　张	8.25
字　　数	220千字
定　　价	49.00元

未经许可，不得以任何方式复制或抄袭本书之部分或全部内容。

版权所有　侵权必究